Reports and Working Papers
of the Law Reform Commission of Canada

The Commission has also published over seventy Study Papers on various aspects of law. If you wish a copy of our catalogue of publications, please write to: Law Reform Commission of Canada, 130 Albert Street, Ottawa, Ontario K1A 0L6, or Suite 310, Place du Canada, Montréal, Québec, H3B 2N2.

---

* Out of print. Available in many libraries.

CRIMES
AGAINST
THE STATE

Available by mail free of charge from:

Law Reform Commission of Canada
130 Albert St., 7th Floor
Ottawa, Canada
K1A 0L6

or

Suite 310
Place du Canada
Montréal, Québec
H3B 2N2

Law Reform Commission
of Canada

Working Paper 49

CRIMES
AGAINST
THE STATE

1986

Notice

This Working Paper presents the views of the Commission at this time. The Commission's final views will be presented in its Report to the Minister of Justice and Parliament, when the Commission has taken into account comments received in the meantime from the public.

The Commission would be grateful, therefore, if all comments could be sent in writing to:

Secretary
Law Reform Commission of Canada
130 Albert Street
Ottawa, Canada
K1A 0L6

Commission

Mr. Justice Allen M. Linden, President
Mr. Gilles Létourneau, Vice-President
Ms. Louise Lemelin, Q.C., Commissioner
Mr. Joseph Maingot, Q.C., Commissioner
Mr. John Frecker, Commissioner

Acting Secretary

Harold J. Levy, LL.B., LL.M.

Co-ordinator, Substantive Criminal Law

François Handfield, B.A., LL.L.

Special Adviser

Patrick Fitzgerald, M.A. (Oxon.)

Principal Consultant

Oonagh Fitzgerald, B.F.A., LL.B.

Consultant

Martin L. Friedland, Q.C., B. Com., LL.B., Ph.D.

Table of Contents

The sun no longer shows
His face; and treason sows
His secret seeds that no man can detect;
Fathers by their children are undone;
The brother would the brother cheat;
And the cowled monk is a deceit ....
Might is right, and justice there is none.

Walthar von der Vogelweide, c. 1170 - c. 1230
Millennium [Translated by Jethro Bithell]

CHAPTER ONE

Introduction

Having completed our studies of Offences against the Person and Offences against Property, we now turn to the third major group of crimes: Offences against Society and the State. These consist of acts threatening the general peace and order of society and acts threatening the security of the State and its basic institutions.

In this Paper we will deal with only the most serious crimes of this third category, that is, only those that threaten the security of the State itself and its institutions. Accordingly, the main groups of crimes we will examine are (1) treason, intimidating Parliament, sedition and sabotage, presently found in Part II of the *Criminal Code*; and (2) espionage and leakage, currently dealt with in the *Official Secrets Act* (hereinafter referred to as the *O.S.A.*). Offences against *society*, such as riot, unlawful assembly and so on, which generally threaten law and order, will be dealt with in a separate but related study.

Though rarely committed and even more rarely charged, crimes against the State are some of the most serious offences in the whole *Criminal Code*. This is because such conduct jeopardizes the security and well-being of the whole nation and its inhabitants.

CHAPTER TWO

History

In Canada the present crimes against the State are found either in the *Criminal Code* or in the *O.S.A.*. Those in the latter Act derive from the English *Official Secrets Acts* of 1920, 1911 and 1889. Those in the *Code* derive in part from legislation, such as the 1892 Canadian *Criminal Code* (and subsequent amendments), the 1886 *Treason Act*,[1] and before that the 1351 *Statute of Treasons*, and in part from the English common law, feudal, Roman and early Germanic law.

We can roughly divide the two-thousand-year history of offences against the State into three periods: (1) the early period before and up to the enactment of the *Statute of Treasons*; (2) the middle period following that statute and preceding the Canadian treason legislation of 1886; and (3) the modern era in Canada, from the *Treason Act* and the first *Criminal Code* to the present day.

I.   The Early Period

Early Germanic law recognized only two types of treason. One was betrayal of one's tribe by aiding its enemies or by cowardice in battle. The other was betrayal of one's lord.[2]

By contrast, the Roman law of treason, or *crimen laesae majestatis*, which was imposed by Rome upon the vanquished Germanic peoples, was more complex and inclusive.[3] Since the time of Augustus (63 B.C. to 14 A.D.) the Roman Emperor was thought to embody all the sovereign rights of the Roman State, and *crimen laesae majestatis* protected both the person and authority of this sovereign. It developed into a very extensive concept, including such major offences as taking up arms against the State, delivering provinces or towns from Roman rule, sedition or insurrection, plotting against the life of the Emperor or his principal officers, and lesser acts such as destroying the statutes of the Emperor or insulting the memory of a deceased Emperor.[4]

---

1.   A consolidation of earlier treason statutes.
2.   Pollock and Maitland, 1895: 501.
3.   Vitu, 1973: para. 8.
4.   *Ibid.*

After the fall of Rome, *crimen laesae majestatis* was for a while lost to the West.[5] Instead, treason came to be focused around feudal obligations. As Roman law was forgotten, the early Germanic treasons of assisting the enemies of one's tribe and betraying one's lord were revived and assimilated to the worst breaches of the vassal's pledge of fealty.[6] The words "treason" and "sedition" were used interchangeably to describe this type of conduct, and at this stage mere treasonable or seditious words were considered sufficient for liability.[7]

In the feudal system treason could be committed against one's lord whether or not he was actually king.[8] Medieval kings were after all only feudal lords rather than absolute sovereigns. As feudal lords they were bound, as it were, by a pact with their vassals, who were entitled to rebel if the lord persistently denied justice to them.[9] This right is in stark contrast to Roman law, under which such rebellion would clearly have been *crimen laesae majestatis*.

In the eleventh century, Roman law was reintroduced to Western Europe.[10] This coincided with the consolidation of power in the hands of absolute or near-absolute kings. These kings readily adopted the Roman concept of *crimen laesae majestatis* as a model for their offences against the State.[11] In France the result was the broad crime of *lèse-majesté* which thrived until the French Revolution.[12] In England, the treason offence came to focus on the king only, (that is, not the lesser lords) and came to include not just acts against him but also endeavouring, plotting or compassing such acts.[13] At this time there was no developed general law of attempts or conspiracy, and in fact these inchoate offences have their roots in the early law of treason, in compassing the king's death. To kill the king was considered so serious that even the intent or attempt to kill the king was itself treason.[14] Later, general principles of inchoate liability would evolve so as to apply to virtually every offence.[15]

---

5. *Id.*: para. 9.

6. *Ibid.*; Pollock and Maitland, 1895: 502.

7. Hale, 1736: 111-9; South African Law Commission, 1976: 6. The word "sedition" derives from the latin "*seditio*" meaning uprising or insurrection. See *Oxford English Dictionary*.

8. Pollock and Maitland, 1895: 501-2.

9. *Id.*: 503-5.

10. De Zulueta, 1923: 173.

11. Vitu, 1973: para. 10.

12. *Ibid.*

13. Pollock and Maitland, 1895: 501-2.

14. Hale, 1736: 107-8.

15. For a description of the development of the law on secondary liability see Canada, LRC, 1985b.

4

The 1351 *Statute of Treasons*, England's first codification of the law of treason, bears witness to the various influences on the development of this crime.[16] Germanic, feudal and Roman influence is evident in the two central offences of compassing the king's death, and adhering to the king's enemies. Slaying of the king's justices is reminiscent of one of the forms of *crimen laesae majestatis*, as is the crime of levying war against the king. This latter form of treason also indicates the demise of feudalism and the feudal king because it abolished the feudal right of the vassal to wage war on an unjust lord. As a result treason could no longer be viewed merely as a breach of feudal duties,[17] but, just as in the times of Augustus, it had become a crime against the person and authority of the sovereign in whom the State was embodied.

Passed at the height of Edward III's power and confidence in an effort to limit the ambit of treason, the *Statute of Treasons* was a lean and lenient enactment.[18] It contained three main offences: (1) compassing the death of the king (or his queen or heir); (2) levying war against the king in his realm; and (3) adhering to the king's enemies in his realm or elsewhere. The statute also contained various ancillary provisions which tended to support the three central crimes, such as violating the king's companion, eldest daughter or eldest son's wife; counterfeiting the king's seal or his money; and killing the chancellor, treasurer or the king's justices. However, it made no provision for lesser acts of violence against the king or violent disturbances that did not amount to levying war.[19]

---

16. *The Statute of Treasons* provided:

> Whereas divers opinions have been before this time in what case treason shall be said, and in what not; the King, at the request of the lords and of the commons, hath made a declaration in the manner as hereafter followeth, that is to say; When a man doth compass or imagine the death of our Lord the King, or of our Lady his Queen or of their eldest son and heir; or if a man do violate the King's companion, or the King's eldest daughter unmarried, or the wife of the King's eldest son and heir; or if a man do levy war against our Lord the King in his realm, or be adherent to the King's enemies in his realm, or elsewhere, and thereof be proveably attainted of open deed by the people of their condition; And if a man counterfeit the King's great or privy seal, or his money; and if a man bring false money into this realm, counterfeit to the money of England as the money called Lushburgh, or other, like to the said money of England, knowing the money to be false, to merchandise or make payment in deceit of our said Lord the King and of his people; and if a man slay the chancellor, treasurer or the King's justices of the one bench or the other, justices in eyre, or justices of assize, and all other justices assigned to hear and determine, being in their places, doing their offices: And it is to be understood, that in the cases above rehearsed, that ought to be judged treason which extends to our Lord the King, and his royal majesty: And of such treason the forfeiture of the escheats pertaineth to our sovereign Lord, as well of the lands and tenements holden of other, as of himself.

17. Pollock and Maitland, 1895: 503-5.

18. Stephen, 1883: 250; Bellamy, 1970: 1-101; Friedland, 1979: 9-10.

19. *Ibid*.

II.   The Middle Period

In the following centuries, at times of crisis, English monarchs enacted more detailed and oppressive laws to clothe the bare, skeletal *Statute of Treasons*,[20] but these temporary additions were more in the nature of orders given by a military commander in times of war than principled reforms of the law of treason.[21]

As well, the scope of the 1351 statute was judicially enlarged by generous construction of its words. By this method ''compassing the king's death'' was held to apply in cases where the king was in no actual physical danger[22] and included plotting to depose him,[23] conspiring with a foreign prince to levy war on the realm, and in general intending anything which might have a tendency to expose the king to personal danger or deprivation of any of the authority incidental to his office.[24] ''Levying war'' against the king was held to include everything from riot to revolution, that is to say, any amount of violence with a political object.[25]

It was during this middle period that sedition developed as a crime distinct from treason. Although there was already in 1275 a statute codifying the offence of defaming public figures *(scandalum magnatum)*,[26] it was really the invention of the printing press which sparked the State's interest in controlling the expression of critical ideas and eventually led to the development of the law of sedition.[27] The Star Chamber quickly recognized the political power of the printing press, and jealously coveted jurisdiction over all matters relating to publishing. Accordingly, they began to assert that words alone could not amount to treason, triable by judge and jury in the ordinary courts, but should be tried by the Star Chamber itself.[28] Thus, in the 1606 case of *De Libellis Famosis*[29] in which the Star Chamber held that it was an offence to defame the deceased Archbishop of Canterbury, we find the origin of the present crime of sedition. Later, with the abolition of the Star Chamber by the Long Parliament in 1641, it fell to the ordinary courts to develop this offence,[30] and this they did, holding in 1704 that it was a crime to defame the government.[31]

---

20.   *Ibid.*

21.   Stephen, 1883: 255-62; Hale, 1736: 108-29.

22.   *R. v. Maclane* (1797), 26 Howell's State Trials 721.

23.   *R. v. Henry and John Sheares*, 27 State Trials 255.

24.   Stephen, 1883: 276-7.

25.   *Id.*: 266-9; see also U.K., Law Commission, 1977: 8 ff.; Leigh, 1977: 131.

26.   Holdsworth, 1925: vol. 3, 409.

27.   Stephen, 1883: 302.

28.   *Ibid.*; see also Holdsworth, 1925: vol. 8, 336.

29.   5 Co. Rep. 125a; 77 E.R. 250 (Star Chamber).

30.   Holdsworth, 1925: vol. 8, 336-46.

31.   *The Case of Tutchin* (1704), 14 State Trials 1095; Stephen, 1883: 300-1.

Towards the end of the eighteenth century permanent statutory additions were also made to the offences against the State. *Fox's Libel Act*,[32] the first statute dealing with sedition, was passed in 1792. An Act was passed in 1795[33] which gave statutory weight to the judicial constructions of the words "compass or imagine" in the *Statute of Treasons* while leaving the 1351 Act intact, and which also made it treason to levy war against the king in order to force him to change his measures or counsels or to intimidate Parliament or to stir any foreigner to invade the king's realm. And in 1797, as a response to the mutiny at Nore, an Act[34] was passed creating the felony of inciting soldiers or sailors to mutiny.

This wave of legislative activity continued into the nineteenth century, gaining momentum with each passing year. In 1820 *An Act for the support of His Majesty's Household and, of the Honour and Dignity of the Crown of the United Kingdom of Great Britain and Ireland*, the first statute to forbid unlawful drilling, was passed, and the first legislation explicitly to prohibit certain lesser insults to the sovereign, such as firing pistols in her presence, *An Act for providing for the further Security and Protection of Her Majesty's Person*, was passed in 1842-3. During the Continental revolutions of 1848, the *Treason Felony Act* was passed as a preventative measure. It repealed 36 Geo. 3, c. 7 and 57 Geo. 3, c. 6 except with respect to compassing or imagining harm to the person of the sovereign, and provided that the other conduct covered by these two Acts was to be treated as felony rather than as treason.

In 1879 the English Law Commissioners, in Part V of their *Draft Code*,[35] proposed a consolidation of the many statutes and a codification of the many common law rules relating to crimes against the State, with some minor substantive improvements to the law. Their proposals were to have a major impact on the shape and substance of the offences against the State in Canada's first *Criminal Code*.

The Law Commissioners proposed that killing the sovereign and conspiring to levy war against Her Majesty should more sensibly be treated as treason in their own right, instead of as overt acts evidencing the compassing of the sovereign's death, which was treason under the 1351 Act.[36] As well they deleted the previous high treasons of killing the Lord Chancellor or a superior court judge, and violating the king's eldest daughter.[37] But they preserved the substance of the provisions of the *Treason Felony Act* of 1848 (s. 79) and the 1842-3 Act relating to insults to the person of the sovereign (s. 80), and, with some misgivings, preserved the evidence rule requiring two witnesses to prove treason.[38]

---

32. An Act to remove doubts respecting the functions of juries in cases of libel.
33. 36 Geo. 3, c. 7, continued in 1817 by 57 Geo. 3, c. 6.
34. 37 Geo. 3, c. 70, made permanent in 1817 by 57 Geo. 3, c. 7.
35. U.K., English Law Commissioners, 1879.
36. *Id.*: 19 (of *Report*).
37. *Ibid.*
38. *Ibid.*

Thus, high treason, defined in ten subsections to section 75, consisted in killing, harming or restraining Her Majesty, or conspiring or manifesting by an overt act an intention to do so; killing the eldest son of the queen or the queen consort of the king, or manifesting by an overt act an intention to do so; violating a queen consort or the wife of the heir apparent to the throne; levying war or conspiring to levy war against Her Majesty; instigating a foreign invasion; or assisting an enemy at war with Her Majesty. There was a three-year time limitation for founding indictments for high treason (s. 76), except where the treasonous conduct involved harming the Queen personally, in which case there was no time-limit (*ibid.*).

Part V of the *English Draft Code* also contained indictable offences ancillary to high treason, proscribing being an accessory after the fact to treason (s. 78), failing to prevent treason (*ibid.*), inciting mutiny (s. 82), unlawful drilling (ss. 92, 93) and sedition (ss. 102, 103, 104).

III.   The Modern Era in Canada

The Canadian *Treason Act* of 1886, which consolidated earlier Canadian legislation on treason, summarized (in s. 9) the judicial and statutory extensions of the 1351 *Statute of Treasons* without attempting to supersede that Act. The 1886 Act was also designed to deal with the particularly Canadian problem of rebellions and uprisings aided or instigated by foreigners and non-residents.

The *Treason Act* set out two types of treasonable conduct, both punishable by death: the first (in s. 1) was compassing the Queen's death, any bodily harm to or restraint upon her, and expressing such intention by writing or overt act; the second (in s. 2) was committed by any member of Her Majesty's army who corresponded with or gave advice or intelligence to any rebel or enemy of the Queen. As well, the Act made it a felony to compass to deprive the Queen of her imperial Crown, or to levy war against her within the United Kingdom or Canada in order to force her to change her measures or to intimidate Parliament, or to stir any foreigner to invade the United Kingdom or any of the dominions (in s. 3); and to conspire to intimidate any provincial legislative body (in s. 4). Section 5 of the Act set time-limits of six days for laying of an information and ten days further for issuing an arrest warrant where the intention to commit the act specified in section 3 was expressed by "open and advised speaking." In sections 7 and 8 the Act provided for the court-martialling and execution of citizens of foreign States at peace with Her Majesty, and British subjects joining with them, who entered Canada with intent to levy war against Canada.

Canada enacted its first *Official Secrets Act* in 1890, copying it almost verbatim from the English *Official Secrets Act*[39] of 1889, which had also applied to Canada. The object of this legislation was to deal with those who improperly used secret government information. The 1890 Act (ss. 1, 2), like its English prototype (ss. 1, 2), dealt

---

39.   For the background to this Act, see: Aitken, 1971; and Williams, 1965.

with wrongfully obtaining or communicating information and breaches of official trust, but the most serious conduct covered was that of communicating to a foreign State information that in the public or State interest ought not to be disclosed.[40]

Two years later, the provisions of the Canadian *Official Secrets Act* were transferred to Canada's first *Criminal Code* (ss. 77, 78). The remaining offences against the State found in the 1892 *Code* derived from two main sources: the *Treason Act* of 1886 and the *English Draft Code* of 1879, and, of course, underlying both of these, was the 1351 *Statute of Treasons*. Thus, the 1892 *Code* provisions respecting treason (ss. 65, 66), treasonable offences (s. 69), accessories after the fact to treason (s. 67(*a*)), failing to prevent treason (s. 67(*b*)), assaults on the sovereign (s. 71), and inciting armed forces to mutiny (s. 72) were all derived from the *Draft Code*. The sedition sections of the *Draft Code*, except the definition of seditious intention, were also adopted by the drafters of the Canadian *Code* (ss. 123, 124). The 1892 *Code* provisions dealing with rebellions and invasions led by foreigners or Canadian subjects (s. 68), and conspiracies to intimidate provincial legislative bodies (s. 70) had their source in the *Treason Act* of 1886.

As the First World War approached, there was concern in England that the espionage sections of the 1889 *Official Secrets Act* were inadequate to deal with flagrant acts of spying by German agents.[41] In 1911 the British Parliament passed a new *Official Secrets Act* creating a number of presumptions in the Crown's favour relating to assisting a foreign State (s. 1(2)), and making it an offence with a three-year minimum penalty to obtain or communicate any information which might be useful to an enemy (s. 1). The new Act specified that it applied to the dominions overseas as well, and we find it listed in the 1912 Statutes of Canada as one of the Imperial Acts applicable to Canada.

In the heat of the Winnipeg General Strike of 1919, provisions were introduced into the *Code* criminalizing illegal associations,[42] and the sedition offences were amended to increase the penalty from two to twenty years and to remove the proviso excepting certain lawful activities from punishment as sedition.[43] These last two changes were reversed in 1930, when the two years punishment and definition of what was not sedition were reintroduced into the *Code*.

The sections respecting illegal associations were abrogated in 1936. At the same time a partial definition of seditious intention was added to the *Code*, providing that seditious intention would be presumed of one who teaches or advocates, or publishes or circulates any writing that advocates the use, without authority of law, of force as a means of accomplishing governmental change in Canada.[44]

---

40. Subsection 1(3) and paragraph 2(2)(*a*) of the Canadian Act, and subsection 1(3) and paragraph 2(*a*) of the English Act.

41. Williams, 1978: 159-60; Williams, 1965: 23-4; Bunyan, 1976: 7-8.

42. S.C. 1919, c. 46, s. 1, introducing ss. 97A and 97B to the *Code*. Also see: McNaught, 1974; Lederman, 1976-77; MacKinnon, 1977.

43. S.C. 1919, c. 46, repealing s. 133.

44. S.C. 1936, c. 29, adding s. 133(4).

The British government introduced further changes to the *Official Secrets Act* in 1920, but these did not apply to Canada. In 1939 the Canadian Parliament enacted a new *O.S.A.* to consolidate the 1911 and 1920 English Acts, and make them the law of Canada. Section 15 of the new Act repealed the *Code* sections dealing with communicating government information[45] and breaches of official trust[46] and the 1911 English Act insofar as it was already part of the law of Canada. There have been no changes to the substance of the 1939 Act and in fact the two main offences of spying (s. 3) and wrongfully communicating, using or retaining information (s. 4), and the ancillary offences of impersonation and forgery (s. 5), interfering with security personnel at a prohibited place (s. 6), and harbouring spies (s. 8) remain intact. However, the maximum penalty for offences under the *O.S.A.*, set at seven years in 1939, was increased to fourteen years in 1950,[47] during the Cold War.

There were some substantial amendments made to the *Code* offences against the State in 1951, a year after Canada first became involved in the policing activity in Korea. The offence of treason was amended to include assisting any armed forces against whom Canadian Forces were engaged in hostilities whether or not a state of war existed between Canada and the country whose forces they were.[48] A new offence of sabotage was added to the *Code* requiring that (1) the accused commit a "prohibited act" (defined, basically, as destroying or impairing the usefulness of property) (2) for a purpose prejudicial to the security or interests of Canada or the security of foreign armed forces legitimately present in Canada.[49] There were also amendments to the sedition offence: first, the penalty was increased to seven years imprisonment,[50] and second, a new offence was created of interfering with, advising or counselling disloyalty or insubordination in members of the Canadian Armed Forces, foreign forces legally present in Canada, or the R.C.M.P.[51] As well, section 82, dealing with assisting deserters and those absent without leave from the Canadian Forces was amended to apply only in peacetime with a reduced penalty,[52] and section 84 was amended to apply only to members of the R.C.M.P. who desert.[53]

In 1953 there were extensive revisions made to the *form* of the *Code* offences against the State as well as some minor *substantive* amendments.[54] The most anachronistic aspects of the law of treason — such as violating with or without her consent a queen consort or the wife of the heir apparent — were abolished. Sections 74 and 75 (defining treason), section 77 (levying war), and section 78 (treasonable offences)

---

45. Section 85 of R.S.C. 1927, c. 36.
46. Section 86 of R.S.C. 1927, c. 36.
47. S.C. 1950, c. 46, s. 3.
48. S.C. 1951, c. 47, s. 3, amending s. 74.
49. S.C. 1951, c. 47, s. 18, creating s. 509A.
50. S.C. 1951, c. 47, amending s. 134.
51. S.C. 1951, c. 47, creating s. 132A.
52. S.C. 1951, c. 47.
53. S.C. 1951, c. 47.
54. S.C. 1953-54, c. 51.

were replaced by one section (s. 46) redefining treason to include only: killing, wounding or restraining Her Majesty; levying war against Canada; assisting an enemy at war with Canada or assisting armed forces engaged in hostilities with Canadian forces; using force to overthrow the government; and communicating to a foreign agent information likely to be used in a manner prejudicial to the safety or defence of Canada. Section 46 also made it treason to conspire or intend to commit the other acts of treason listed in the section. The inclusion of espionage as a form of treason no doubt came as a result of the Gouzenko trials and the general Cold War concern about disclosure of highly sensitive military information to agents of communist countries. However, this amendment did little more than repeat what was already an offence under the *O.S.A.*

The punishments for treason, set out in section 47, were as follows: the death penalty for killing or harming Her Majesty, levying war and assisting the enemy; death or life imprisonment for using force to overthrow the government, committing espionage during wartime, and for certain conspiracies and intentions; and fourteen years imprisonment for espionage during peacetime.

The ancillary crimes against the State were also amended in 1953. The offence of alarming Her Majesty was reworded in more general terms and the punishment was increased to fourteen years although the power to order whippings was abrogated (s. 49). The offence of assisting a subject of an enemy State to leave Canada without the consent of the Crown, introduced during the First World War, was expanded to include inciting or assisting a subject of a State engaged in hostilities with Canada to leave Canada (s. 50(1)(*a*)). The special provision for accessories after the fact to treason was dropped; henceforth they were to be dealt with under the general offence in section 23. However, it was still a specific offence to fail to inform the authorities about or prevent anticipated acts of treason (s. 50(1)(*b*)). The offences of intimidating legislative bodies were revised and combined so as to treat intimidation of Parliament or a provincial legislature alike and to make no mention of conspiracy (s. 51). The sabotage provisions were replaced by section 52, which changed the wording from "security or interests of Canada" to "security or defence of Canada," in line with the new espionage provision in paragraph 46(1)(*e*). Also exceptions were added to clarify that legitimate trade union activity would not be considered to be sabotage (s. 52(3), (4)). The crime of inciting or assisting desertion from the Canadian Forces was altered only to criminalize aiding and harbouring deserters (s. 54), and the offence of interfering with force discipline was amended to exclude the R.C.M.P. force (s. 63).

Since the 1953-54 amendments there has been little change to either the *Code* offences against the State or the *O.S.A.* There were minor stylistic changes to the *O.S.A.* in the 1970 Revision of Statutes, and in 1973 the wiretapping section was added,[55] but basically, the Act today is the same as the 1939 *O.S.A.* The only change to the *Criminal Code* offences since the 1953 amendments resulted from the abolition of capital punishment in 1975.[56] Thereafter, the *Code* distinguished between high treason (acts formerly

---

55. S.C. 1973-4, c. 50, s. 6, since repealed by s. 88 of the *Canadian Security Intelligence Service Act.*
56. S.C. 1974-75-76, c. 105, s. 2.

punished as capital offences) now subject to a mandatory life sentence,[57] and treason (acts formerly punished by anywhere from fourteen years imprisonment to death) now subject to life imprisonment,[58] except espionage in peacetime which still has a fourteen-year maximum sentence (s. 47(2)(*c*)).

---

57. Definition in s. 46(1); punishment in s. 47(1).
58. Definition in s. 46(2); punishment in s. 47(2).

CHAPTER THREE

The Present Law

Turning to the statute books of today we find that the crimes against the State are set out in two places: the more traditional offences against the State are found in Part II of the *Criminal Code*, and most of the newer espionage-related offences are found in the *O.S.A.* These two collections of offences form mini-codes of substantive and procedural law relating to crimes against the State. Although they operate independently these mini-codes follow a similar basic structure. First, each centres around a primary, most serious offence — treason in Part II of the *Code*, and spying in the *O.S.A.* Each code then provides ancillary offences to support and enforce the central prohibition. Last, there are special rules of procedure and evidence applicable to the actual prosecution of these offences.

I.   The *Criminal Code*

A.   High Treason and Treason

Section 46 of the *Code* sets out the primary crimes against the State. Subsection (1) dealing with high treason is really an updated version of the three central offences under the 1351 *Statute of Treasons*:

> **46.**   (1)   **[High treason]** Every one commits high treason who, in Canada,
>
> (*a*)   kills or attempts to kill Her Majesty, or does her any bodily harm tending to death or destruction, maims or wounds her, or imprisons or restrains her;
>
> (*b*)   levies war against Canada or does any act preparatory thereto; or
>
> (*c*)   assists an enemy at war with Canada, or any armed forces against whom Canadian Forces are engaged in hostilities whether or not a state of war exists between Canada and the country whose forces they are.

Subsection 46(2) deals with treason and contains the more recent additions to this area of law as well as special conspiracy and intention rules that have developed from the original notion of "compassing" and which are applicable only to section 46 crimes:

(2) **[Treason]** Every one commits treason who, in Canada,

(*a*) uses force or violence for the purpose of overthrowing the government of Canada or a province;

(*b*) without lawful authority, communicates or makes available to an agent of a state other than Canada, military or scientific information or any sketch, plan, model, article, note or document of a military or scientific character that he knows or ought to know may be used by that state for a purpose prejudicial to the safety or defence of Canada;

(*c*) conspires with any person to commit high treason or to do anything mentioned in paragraph (*a*);

(*d*) forms an intention to do anything that is high treason or that is mentioned in paragraph (*a*) and manifests that intention by an overt act; or

(*e*) conspires with any person to do anything mentioned in paragraph (*b*) or forms an intention to do anything mentioned in paragraph (*b*) and manifests that intention by an overt act.

Subsection 46(3) gives extraterritorial scope to the treason offences where they are committed abroad by someone owing allegiance to Canada:

(3) **[Canadian citizen]** Notwithstanding subsection (1) or (2), a Canadian citizen or a person who owes allegiance to Her Majesty in right of Canada,

(*a*) commits high treason if, while in or out of Canada, he does anything mentioned in subsection (1); or

(*b*) commits treason if, while in or out of Canada, he does anything mentioned in subsection (2).

Subsection 46(4) gives some explanation as to what is meant by a ''overt act'':

(4) **[Overt act]** Where it is treason to conspire with any person, the act of conspiring is an overt act of treason.

Section 47 of the *Code* specifies the punishment for treason and high treason, and the requirement of corrobation of evidence.

47. (1) **[Punishment for high treason]** Every one who commits high treason is guilty of an indictable offence and shall be sentenced to imprisonment for life.

(2) **[Punishment for treason]** Every one who commits treason is guilty of an indictable offence and is liable

(*a*) to be sentenced to imprisonment for life if he is guilty of an offence under paragraph 46(2)(*a*), (*c*) or (*d*);

(*b*) to be sentenced to imprisonment for life if he is guilty of an offence under paragraph 46(2)(*b*) or (*e*) committed while a state of war exists between Canada and another country; or

(*c*) to be sentenced to imprisonment for fourteen years if he is guilty of an offence under paragraph 46(2)(*b*) or (*e*) committed while no state of war exists between Canada and another country.

(3) **[Corroboration]** No person shall be convicted of high treason or treason upon the evidence of only one witness, unless the evidence of that witness is corroborated in a material particular by evidence that implicates the accused.

(4) **[Minimum punishment]** For the purposes of Part XX, the sentence of imprisonment for life prescribed by subsection (1) is a minimum punishment.

Section 48 sets time limitations for the commencement of proceedings in respect to certain acts of treason:

48. (1) **[Limitation]** No proceedings for an offence of treason as defined by paragraph 46(2)(*a*) shall be commenced more than three years after the time when the offence is alleged to have been committed.

(2) **[Information for treasonable words]** No proceedings shall be commenced under section 47 in respect of an overt act of treason expressed or declared by open and considered speech unless

(*a*) an information setting out the overt act and the words by which it was expressed or declared is laid under oath before a justice within six days after the time when the words are alleged to have been spoken, and

(*b*) a warrant for the arrest of the accused is issued within ten days after the time when the information is laid.

B.   Ancillary *Code* Crimes against the State

The rest of the *Code* offences against the State are really supportive of the main crime of treason. Thus, section 49 makes it an offence to do anything intending to alarm or harm Her Majesty.

49. **[Acts intended to alarm Her Majesty or break public peace]** Every one who wilfully, in the presence of Her Majesty,

(*a*) does an act with intent to alarm Her Majesty or to break the public peace, or

(*b*) does an act that is intended or is likely to cause bodily harm to Her Majesty,

is guilty of an indictable offence and is liable to imprisonment for fourteen years.

Section 50 sets out two secondary crimes: first, assisting a subject of an enemy State to leave Canada without the Crown's consent, and second, failing to prevent or inform the authorities about anticipated acts of treason:

50. (1) **[Assisting alien enemy to leave Canada, or omitting to prevent treason]** Every one commits an offence who

(*a*) incites or wilfully assists a subject of

(i) a state that is at war with Canada, or

(ii) a state against whose forces Canadian Forces are engaged in hostilities, whether or not a state of war exists between Canada and the state whose forces they are,

15

to leave Canada without the consent of the Crown, unless the accused establishes that assistance to the state referred to in subparagraph (i) or the forces of the state referred to in subparagraph (ii), as the case may be, was not intended thereby; or

(*b*) knowing that a person is about to commit high treason or treason does not, with all reasonable dispatch, inform a justice of the peace or other peace officer thereof or make other reasonable efforts to prevent that person from committing high treason or treason.

(2) **[Punishment]** Every one who commits an offence under subsection (1) is guilty of an indictable offence and is liable to imprisonment for fourteen years.

Section 51 sets out the offence of doing violent acts to intimidate Parliament or a provincial legislature:

51. **[Intimidating Parliament or legislature]** Every one who does an act of violence in order to intimidate the Parliament of Canada or the legislature of a province is guilty of an indictable offence and is liable to imprisonment for fourteen years.

Section 52 specifically criminalizes acts of sabotage intended to jeopardize the safety, security or defence of Canada:

52. (1) **[Sabotage]** Every one who does a prohibited act for a purpose prejudicial to

(*a*) the safety, security or defence of Canada, or

(*b*) the safety or security of the naval, army or air forces of any state other than Canada that are lawfully present in Canada,

is guilty of an indictable offence and is liable to imprisonment for ten years.

(2) **["Prohibited act"]** In this section, "prohibited act" means an act or omission that

(*a*) impairs the efficiency or impedes the working of any vessel, vehicle, aircraft, machinery, apparatus or other thing, or

(*b*) causes property, by whomsoever it may be owned, to be lost, damaged or destroyed.

(3) **[Saving]** No person does a prohibited act within the meaning of this section by reason only that

(*a*) he stops work as a result of the failure of his employer and himself to agree upon any matter relating to his employment,

(*b*) he stops work as a result of the failure of his employer and a bargaining agent acting on his behalf to agree upon any matter relating to his employment, or

(*c*) he stops work as a result of his taking part in a combination of workmen or employees for their own reasonable protection as workmen or employees.

(4) **[Idem]** No person does a prohibited act within the meaning of this section by reason only that he attends at or near or approaches a dwelling-house or place for the purpose only of obtaining or communicating information.

The crimes of sedition in *Code* sections 60 to 62 also may be considered as ancillary to treason in that they prohibit spoken words, writings and conspiracies that have a tendency to encourage others to commit treasonable acts or other crimes against the State.

60. (1) **[Seditious words]** Seditious words are words that express a seditious intention.

(2) **[Seditious libel]** A seditious libel is a libel that expresses a seditious intention.

(3) **[Seditious conspiracy]** A seditious conspiracy is an agreement between two or more persons to carry out a seditious intention.

(4) **[Seditious intention]** Without limiting the generality of the meaning of the expression "seditious intention", every one shall be presumed to have a seditious intention who

(*a*) teaches or advocates, or

(*b*) publishes or circulates any writing that advocates,

the use, without the authority of law, of force as a means of accomplishing a governmental change within Canada.

61. **[Exception]** Notwithstanding subsection 60(4), no person shall be deemed to have a seditious intention by reason only that he intends, in good faith,

(*a*) to show that Her Majesty has been misled or mistaken in her measures;

(*b*) to point out errors or defects in

(i) the government or constitution of Canada or a province,

(ii) the Parliament of Canada or the legislature of a province, or

(iii) the administration of justice in Canada;

(*c*) to procure, by lawful means, the alteration of any matter of government in Canada; or

(*d*) to point out, for the purpose of removal, matters that produce or tend to produce feelings of hostility and ill-will between different classes of persons in Canada.

62. **[Punishment of seditious offences]** Every one who

(*a*) speaks seditious words,

(*b*) publishes a seditious libel, or

(*c*) is a party to a seditious conspiracy,

is guilty of an indictable offence and is liable to imprisonment for fourteen years.

Part II of the *Code* also contains a series of secondary crimes against the State designed to preserve the monopoly of the State over the use of military force in Canada. These offences prohibit inciting mutiny in the Canadian Forces (s. 53), assisting a deserter from the Canadian Forces (s. 54), inciting desertion and assisting a deserter from the R.C.M.P. force (s. 57), interfering with loyalty or discipline of a member of a force (s. 63), and drilling of private armies (s. 71):

53. **[Inciting to mutiny]** Every one who

(*a*) attempts, for a traitorous or mutinous purpose, to seduce a member of the Canadian Forces from his duty and allegiance to Her Majesty, or

(*b*) attempts to incite or to induce a member of the Canadian Forces to commit a traitorous or mutinous act,

is guilty of an indictable offence and is liable to imprisonment for fourteen years.

54. **[Assisting deserter]** Every one who aids, assists, harbours or conceals a person who he knows is a deserter or absentee without leave from the Canadian Forces is guilty of an offence punishable on summary conviction, but no proceedings shall be instituted under this section without the consent of the Attorney General of Canada.

57. **[Offences in relation to members of R.C.M.P.]** Every one who wilfully

(*a*) persuades or counsels a member of the Royal Canadian Mounted Police to desert or absent himself without leave,

(*b*) aids, assists, harbours or conceals a member of the Royal Canadian Mounted Police who he knows is a deserter or absentee without leave, or

(*c*) aids or assists a member of the Royal Canadian Mounted Police to desert or absent himself without leave, knowing that the member is about to desert or absent himself without leave,

is guilty of an offence punishable on summary conviction.

63. (1) **[Offences in relation to military forces]** Every one who wilfully

(*a*) interferes with, impairs or influences the loyalty or discipline of a member of a force,

(*b*) publishes, edits, issues, circulates or distributes a writing that advises, counsels or urges insubordination, disloyalty, mutiny or refusal of duty by a member of a force, or

(*c*) advises, counsels, urges or in any manner causes insubordination, disloyalty, mutiny or refusal of duty by a member of a force,

is guilty of an indictable offence and is liable to imprisonment for five years.

(2) **["Member of a force"]** In this section, "member of a force" means a member of

(*a*) the Canadian Forces, or

(*b*) the naval, army or air forces of a state other than Canada that are lawfully present in Canada.

71. (1) **[Orders by Governor in Council]** The Governor in Council may from time to time by proclamation make orders

(*a*) to prohibit assemblies, without lawful authority, of persons for the purpose

(i) of training or drilling themselves,

(ii) of being trained or drilled to the use of arms, or

(iii) of practising military exercises; or

(*b*) to prohibit persons when assembled for any purpose from training or drilling themselves or from being trained or drilled.

(2) **[General or special order]** An order that is made under subsection (1) may be general or may be made applicable to particular places, districts or assemblies to be specified in the order.

(3) **[Punishment]** Every one who contravenes an order made under this section is guilty of an indictable offence and is liable to imprisonment for five years.

II. The *Official Secrets Act*

A. Spying

In rough parallel to the layout of Part II of the *Criminal Code*, the *O.S.A.* also contains both primary and secondary crimes against the State. The central offence under this Act is that of spying, which is described at length in sections 3 and 4:

3. (1) **[Spying]** Every person is guilty of an offence under this Act who, for any purpose prejudicial to the safety or interests of the State,

(*a*) approaches, inspects, passes over, or is in the neighbourhood of, or enters any prohibited place;

(*b*) makes any sketch, plan, model or note that is calculated to be or might be or is intended to be directly or indirectly useful to a foreign power; or

(*c*) obtains, collects, records, or publishes, or communicates to any other person any secret official code word, or pass word, or any sketch, plan, model, article, or note, or other document or information that is calculated to be or might be or is intended to be directly or indirectly useful to a foreign power.

(2) **[If purpose prejudicial to safety of State]** On a prosecution under this section, it is not necessary to show that the accused person was guilty of any particular act tending to show a purpose prejudicial to the safety or interests of the State, and, notwithstanding that no such act is proved against him, he may be convicted if, from the circumstances of the case, or his conduct, or his known character as proved, it appears that his purpose was a purpose prejudicial to the safety or interests of the State; and if any sketch, plan, model, article, note, document or information relating to or used in any prohibited place, or anything in such a place, or any secret official code word or pass word is made, obtained, collected, recorded, published or communicated by any person other than a person acting under lawful authority, it shall be deemed to have been made, obtained, collected, recorded, published or communicated for a purpose prejudicial to the safety or interests of the State unless the contrary is proved.

(3) **[Communication with agent of foreign power, etc.]** In any proceedings against a person for an offence under this section, the fact that he has been in communication with, or attempted to communicate with, an agent of a foreign power, whether within or outside Canada, is evidence that he has, for a purpose prejudicial to the safety or interests of the State, obtained or attempted to obtain information that is calculated to be or might be or is intended to be directly or indirectly useful to a foreign power.

(4) **[When deemed to have been in communication]** For the purpose of this section, but without prejudice to the generality of the foregoing provision

(*a*) a person shall, unless he proves the contrary, be deemed to have been in communication with an agent of a foreign power if

(i) he has, either within or outside Canada, visited the address of an agent of a foreign power or consorted or associated with such agent, or

(ii) either within or outside Canada, the name or address of, or any other information regarding such an agent has been found in his possession, or has been supplied by him to any other person, or has been obtained by him from any other person;

(*b*) ''an agent of a foreign power'' includes any person who is or has been or is reasonably suspected of being or having been employed by a foreign power either directly or indirectly for the purpose of committing an act, either within or outside Canada, prejudicial to the safety or interests of the State, or who has or is reasonably suspected of having, either within or outside Canada, committed, or attempted to commit, such an act in the interests of a foreign power; and

(*c*) any address, whether within or outside Canada, reasonably suspected of being an address used for the receipt of communications intended for an agent of a foreign power, or any address at which such an agent resides, or to which he resorts for the purpose of giving or receiving communications, or at which he carries on any business, shall be deemed to be the address of an agent of a foreign power, and communications addressed to such an address to be communications with such an agent.

4. (1) **[Wrongful communication, etc., of information]** Every person is guilty of an offence under this Act who, having in his possession or control any secret official code word, or pass word, or any sketch, plan, model, article, note, document or information that relates to or is used in a prohibited place or anything in such a place, or that has been made or obtained in contravention of this Act, or that has been entrusted in confidence to him by any person holding office under Her Majesty, or that he has obtained or to which he has had access while subject to the Code of Service Discipline within the meaning of the *National Defence Act* or owing to his position as a person who holds or has held office under Her Majesty, or as a person who holds or has held a contract made on behalf of Her Majesty, or a contract the performance of which in whole or in part is carried out in a prohibited place, or as a person who is or has been employed under a person who holds or has held such an office or contract,

(*a*) communicates the code word, pass word, sketch, plan, model, article, note, document or information to any person, other than a person to whom he is authorized to communicate with, or a person to whom it is in the interest of the State his duty to communicate it;

(*b*) uses the information in his possession for the benefit of any foreign power or in any other manner prejudicial to the safety or interests of the State;

(*c*) retains the sketch, plan, model, article, note, or document in his possession or control when he has no right to retain it or when it is contrary to his duty to retain it or fails to comply with all directions issued by lawful authority with regard to the return or disposal thereof; or

(*d*) fails to take reasonable care of, or so conducts himself as to endanger the safety of the sketch, plan, model, article, note, document, secret official code word or pass word or information.

(2) **[Communication of sketch, plan, model, etc.]** Every person is guilty of an offence under this Act who, having in his possession or control any sketch, plan, model,

article, note, document or information that relates to munitions of war, communicates it directly or indirectly to any foreign power, or in any other manner prejudicial to the safety or interests of the State.

(3) **[Receiving code word, sketch, etc.]** Every person who receives any secret official code word, or pass word, or sketch, plan, model, article, note, document or information, knowing, or having reasonable ground to believe, at the time when he receives it, that the code word, pass word, sketch, plan, model, article, note, document or information is communicated to him in contravention of this Act, is guilty of an offence under this Act, unless he proves that the communication to him of the code word, pass word, sketch, plan, model, article, note, document or information was contrary to his desire.

(4) **[Retaining or allowing possession of document, etc.]** Every person is guilty of an offence under this Act who

(*a*) retains for any purpose prejudicial to the safety or interests of the State any official document, whether or not completed or issued for use, when he has no right to retain it, or when it is contrary to his duty to retain it, or fails to comply with any directions issued by any Government department or any person authorized by such department with regard to the return or disposal thereof; or

(*b*) allows any other person to have possession of any official document issued for his use alone, or communicates any secret official code word or pass word so issued, or, without lawful authority or excuse, has in his possession any official document or secret official code word or pass word issued for the use of some person other than himself, or on obtaining possession of any official document by finding or otherwise, neglects or fails to restore it to the person or authority by whom or for whose use it was issued, or to a police constable.

B.   Ancillary *O.S.A.* Crimes against the State

O.S.A. sections 3 and 4 are supported by the following ancillary provisions: sections 5 and 6 which are directed at catching persons attempting to gain access to or interfering with the security at a prohibited place; section 8 which makes it an offence to harbour spies; and section 9 which imposes full liability on those who incite or attempt commission of any offence under the Act.

5. (1) **[Unauthorized use of uniforms; falsification of reports, forgery, personation and false documents]** Every person is guilty of an offence under this Act who, for the purpose of gaining admission, or of assisting any other person to gain admission, to a prohibited place, or for any other purpose prejudicial to the safety or interests of the State,

(*a*) uses or wears, without lawful authority, any military, police or other official uniform or any uniform so nearly resembling the same as to be calculated to deceive, or falsely represents himself to be a person who is or has been entitled to use or wear any such uniform;

(*b*) orally, or in writing in any declaration or application, or in any document signed by him or on his behalf, knowingly makes or connives at the making of any false statement or any omission;

(*c*) forges, alters, or tampers with any passport or any military, police or official pass, permit, certificate, licence or other document of a similar character, (hereinafter in this section referred to as an official document), or uses or has in his possession any such forged, altered, or irregular official document;

(*d*)   personates, or falsely represents himself to be a person holding, or in the employment of a person holding, office under Her Majesty, or to be or not to be a person to whom an official document or secret official code word or pass word has been duly issued or communicated, or with intent to obtain an official document, secret official code word or pass word, whether for himself or any other person, knowingly makes any false statement; or

(*e*)   uses, or has in his possession or under his control, without the authority of the Government department or the authority concerned, any die, seal, or stamp of or belonging to, or used, made, or provided by any Government department, or by any diplomatic or military authority appointed by or acting under the authority of Her Majesty, or any die, seal or stamp, so nearly resembling any such die, seal or stamp as to be calculated to deceive, or counterfeits any such die, seal or stamp, or uses or has in his possession, or under his control, any such counterfeited die, seal or stamp.

(2)   **[Unlawful dealing with dies, seals, etc.]** Every person who, without lawful authority or excuse, manufactures or sells, or has in his possession for sale any such die, seal or stamp as aforesaid, is guilty of an offence under this Act.

6.   [Interference] No person in the vicinity of any prohibited place shall obstruct, knowingly mislead or otherwise interfere with or impede any constable or police officer, or any member of Her Majesty's forces engaged on guard, sentry, patrol, or other similar duty in relation to the prohibited place, and every person who acts in contravention of, or fails to comply with, this provision, is guilty of an offence under this Act.

8.   [Harbouring spies] Every person who knowingly harbours any person whom he knows, or has reasonable grounds for supposing, to be a person who is about to commit or who has committed an offence under this Act, or knowingly permits to meet or assemble in any premises in his occupation or under his control any such persons, and every person who, having harboured any such person, or permitted any such persons to meet or assemble in any premises in his occupation or under his control, wilfully omits or refuses to disclose to a senior police officer any information that it is in his power to give in relation to any such person, is guilty of an offence under this Act.

9.   [Attempts, incitements, etc.] Every person who attempts to commit any offence under this Act, or solicits or incites or endeavours to persuade another person to commit an offence, or aids or abets and does any act preparatory to the commission of an offence under this Act, is guilty of an offence under this Act and is liable to the same punishment, and to be proceeded against in the same manner, as if he had committed the offence.

Section 13 gives extraterritorial scope to the *O.S.A.* offences in certain situations:

13.   [Offences committed outside Canada] An act, omission or thing that would, by reason of this Act, be punishable as an offence if committed in Canada, is, if committed outside Canada, an offence against this Act, triable and punishable in Canada, in the following cases:

(*a*)   where the offender at the time of the commission was a Canadian citizen within the meaning of the *Canadian Citizenship Act*; or

(*b*)   where any code word, pass word, sketch, plan, model, article, note, document, information or other thing whatever in respect of which an offender is charged was obtained by him, or depends upon information that he obtained, while owing allegiance to Her Majesty.

The punishment for *O.S.A.* offences is set out in section 15(1):

15. (1) **[Penalties]** Where no specific penalty is provided in this Act, any person who is guilty of an offence under this Act shall be deemed to be guilty of an indictable offence and is, on conviction, punishable by imprisonment for a term not exceeding fourteen years; but such person may, at the election of the Attorney General, be prosecuted summarily in the manner provided by the provisions of the *Criminal Code* relating to summary convictions, and, if so prosecuted, is punishable by a fine not exceeding five hundred dollars, or by imprisonment not exceeding twelve months, or by both.

CHAPTER FOUR

Shortcomings

The offences against the State found in Part II of the *Code* and the *O.S.A.* are riddled with defects of both form and content.

We can identify three subcategories of *formal* shortcomings:

(1)   poor arrangement resulting in overlapping of, and inconsistency between, provisions;

(2)   excessive complexity and detail; and

(3)   uncertainty as to scope and meaning.

With respect to *content*, the three major defects are:

(1)   the provisions are out of date and lacking in principle;

(2)   there is overcriminalization; and

(3)   some of the sections may very well infringe the *Canadian Charter of Rights and Freedoms*.

I.   Form

A.   Poor Arrangement

Ad hoc amending techniques, poor legislative drafting, and Parliament's failure ever to deal with crimes against the State as a whole have resulted in these crimes being arranged in two separate mini-codes (the *O.S.A.* and Part II of the *Criminal Code*) whose provisions overlap and are inconsistent with each other, with the rest of the *Criminal Code*, and with other federal statutes.

(1)   Overlapping

First there is the problem of overlapping between the offences against the State in the *O.S.A.* and Part II of the *Code*. The main example of this is the overlapping of the espionage-related offences in paragraph 46(2)(*b*) of the *Code* and sections 3 and 4 of the *O.S.A.* A second example is the repetition of the duty to disclose suspected acts of spying to the authorities, found in paragraph 50(1)(*b*) of the *Code* and section 8 of the *O.S.A.*

Next, turning to the *O.S.A.*, the main problem of overlapping encountered within that Act itself is found in sections 3 and 4. Both sections criminalize espionage-related conduct but are so widely drafted as to result in considerable repetition. There are many examples of this but one will suffice to show the nature of the problem. Paragraph 3(1)(*c*), which makes it an offence for any person who, for a purpose prejudicial to the safety or interests of the State, communicates information to any other person if the information might be useful to a foreign power, overlaps with paragraph 4(1)(*a*), which makes it an offence for any person having possession of any such information to communicate it to any person other than a person to whom it is in the interests of the State to communicate it.

There are also examples of overlapping among the provisions of Part II of the *Code*. Thus, bearing in mind that the common law definition of "levies war" (s. 46(1)(*b*)) is doing any act of violence with a political object,[59] it would seem that the relatively new head of treason, using force or violence for the purpose of overthrowing the government (s. 46(2)(*a*)), covers much of the same ground again. Surely one carefully worded provision could, with the assistance of the inchoate offences of conspiracy and attempt, more than adequately deal with the problem of violent rebellion.

The same problem arises with respect to the crimes against the Queen personally. Paragraph 46(1)(*a*) makes it high treason to kill or attempt to kill her, or cause her any bodily injury tending to her death, to maim or wound her, imprison or restrain her. Paragraph 49(*b*) makes it an offence to do any act intended or likely to cause bodily harm to her. There is considerable overlapping between the two provisions, with section 49 operating as a special "attempt" offence for paragraph 46(1)(*a*). When first enacted in 1842-43 this offence of alarming or harming the Queen filled a gap in the law because the *Statute of Treasons* only protected the sovereign from deadly assaults.[60] Now that high treason has been enlarged to include causing bodily injury to the Queen, and now that there are generally available inchoate offences (*Code* ss. 24, 422, 423), section 49 seems to be redundant.

---

59.   Mewett and Manning (1985: 434), described levying war as meaning not war declared in the international law sense, but the use of armed forces by a large number of people against the lawful Government of Canada in order to achieve some public or general, as opposed to private, objective. See also: *Halsbury's Laws of England*, 1976: 479-80; Turner, 1964; 211-2; Stephen, 1883: 268-71; U.K., Law Commission, 1977: 11-2.

60.   Stephen, 1883: 250.

Another example of overlapping within Part II of the *Code* is found in sections 53 and 63, both of which deal with inciting or counselling a member of the Canadian Forces to disloyalty or mutiny. While there are differences between the two provisions[61] the broad area of overlap suggests that at least one of these sections is unnecessary.

There is overlapping between Part II of the *Code* and other *Code* provisions as well. One problem that has already been adverted to is the failure of the drafters of the offences against the State to make use of the generally applicable rules as to attempt (s. 24), incitement (s. 422) and conspiracy (s. 423). Instead we find the treason sections riddled with specific attempt and conspiracy offences. See, for example, paragraphs 46(1)(*a*) and (*b*), and paragraphs 46(2)(*c*), (*d*) and (*e*). As well, because of the narrow construction placed on the sedition offences by the Supreme Court in the *Boucher* case,[62] it would seem that sedition completely overlaps with the general offences of incitement and conspiracy as they apply to other Part II offences, such as, for example, inciting violent revolution.

Two obvious cases of overlapping with other *Code* sections are paragraph 46(1)(*a*) and section 49 because both of these sections deal with conduct that would fall within the general *Code* provisions dealing with offences against the person.

Last of all, we also find that the provisions of the *O.S.A.* and Part II of the *Code* overlap with offences created in the *National Defence Act*. Thus, the *National Defence Act* contains: espionage offences (ss. 65, 68) dealing with similar conduct to *Code* paragraph 46(2)(*b*) and *O.S.A.* sections 3 and 4; offences of assisting the enemy (ss. 65, 256, 257) covering the same ground as *Code* paragraph 46(1)(*c*); an offence of inciting mutiny (s. 71) that duplicates *Code* sections 53 and 63; an offence of sedition

---

61. Section 63 also relates to interfering with members of foreign armed forces lawfully present in Canada, and carries a penalty of five years imprisonment, as opposed to the fourteen years penalty under section 53. There are differences in wording as well, but the substance of both sections is very similar.

62. Stephen (1877) conveniently summarized the law of sedition as it stood in his day in Article 93:

> A seditious intention is an intention to bring into hatred or contempt, or to excite disaffection against the person of her Majesty, her heirs or successors, or the government and constitution of the United Kingdom, as by law established, or either House of Parliament, or the administration of justice, or to excite her Majesty's subjects to attempt, otherwise than by lawful means, the alteration of any matter in Church or State by law established, or to raise discontent or disaffection amongst her Majesty's subjects, or to promote feelings of ill will and hostility between different classes of such subjects.

> An intention to show that her Majesty has been misled or mistaken in her measures, or to point out errors or defects in the government or constitution as by law established, with a view to their reformation, or to excite her Majesty's subjects to attempt by lawful means the alteration of any matter in Church or State by law established, or to point out, in order to their removal, matters which are producing, or have a tendency to produce feelings of hatred and ill-will between classes of her Majesty's subjects, is not a seditious intention.

> See also Turner, 1964: 216. Stephen's definition was qualified by *Boucher* v. *The King*, [1951] S.C.R. 265, which held that neither language calculated to promote feelings of ill-will and hostility between different classes of Her Majesty's subjects nor criticizing the courts is seditious unless there is the intention to incite to violence against constituted authority or to create a public disturbance or disorder against such authority (*per* Kerwin J., p. 283, and Kellock J., p. 301).

(s. 72) that duplicates *Code* subsection 60(4); and an offence of "conniving at desertion" (s. 79) which seems to cover some of the same conduct as *Code* section 54.
Surely it is unnecessary to have special offences of espionage and assisting the enemy
in the *National Defence Act*, if the *Code* already criminalizes such conduct. On the
other hand, the offences relating to discipline in the forces are more appropriately dealt
with in the *National Defence Act* than in the *Criminal Code* which is meant to contain
only crimes of *general* application.[63]

(2) Inconsistency

Problems of inconsistency are found within the *Code* itself, and between the provisions of the *O.S.A.* and Part II of the *Code*.

There are many internal inconsistencies in the *Code*, particularly in relation to
section 46. One instance of this is the lack of a uniform standard of *mens rea* for
treason and high treason. Although most of the conduct probably has to be committed
intentionally, there are notable exceptions, for example, paragraph 46(1)(*a*): "does [the
Queen] any bodily harm tending to death or destruction..." which might also cover
reckless conduct, and paragraph 46(2)(*b*) which imports either a standard of recklessness
or negligence.

A second source of inconsistency within section 46 is the fact that it contains three
different standards of liability for incomplete conduct. Thus, paragraph 46(1)(*a*) makes
it high treason to kill or *attempt* to kill the Queen; paragraph 46(1)(*b*) makes it high
treason to levy war against Canada or *do any act preparatory thereto*; and paragraph
46(2)(*d*) makes it treason *to form an intention* to commit high treason *and manifest
that intention by an overt act*. This inconsistency is made worse by the fact that paragraph 46(2)(*d*) piggybacks on section 46, and thereby makes it treason to form an
intention to attempt to kill the Queen, and manifest that intention by an overt act. The
problem is further exacerbated by section 24 which provides a general rule of liability
for attempts, and which, if applied literally, would add another layer of piggybacking,
making it an offence to attempt to form an intention to attempt to kill the Queen.
Considering the difficulties already encountered in determining what is meant by
"attempt" in section 24,[64] it would seem that the three additional standards in section
46 only serve to increase confusion and uncertainty.

There are also problems of inconsistency between section 46 and the other *Code*
offences against the State. One example of this is that section 49 (acts intended to
alarm or harm the Queen) deals with some of the same conduct as paragraph 46(1)(*a*)
(killing, harming or restraining the Queen) but has no extraterritorial scope. Second,
although paragraph 46(2)(*a*) (using force or violence to overthrow the government) and
section 51 (doing an act of violence in order to intimidate Parliament) cover similar
conduct, the more serious offence, paragraph 46(2)(*a*), which is punishable by life

---

63. For an examination of the proper scope for criminal law, see Canada, LRC, 1976.
64. See: *R.* v. *Cline* (1956), 115 C.C.C. 18, 24 C.R. 58 (Ont. C.A.); Meehan, 1984: 5-6.

imprisonment, has a three-year time limitation on prosecutions (s. 48 (1)) whereas there is no time limitation respecting section 51. In the same way it seems inconsistent that there is a sixteen-day limitation period for treason prosecutions based on spoken words (s. 48(2)) but there is no time limitation on liability for speaking seditious words (s. 62) which is a less serious offence.

The inconsistencies between the *O.S.A.* and Part II of the *Code* centre around the espionage offences — (*Code* s. 46(1)(*b*); *O.S.A.* s. 3). First of all, the mental elements for the *Code* and *O.S.A.* offences appear to be different. *O.S.A.* section 3 refers to doing something "for any purpose prejudicial...," suggesting full *mens rea*, whereas *Code* paragraph 46(2)(*b*), in using the phrase "without lawful authority communicates ... information ... that he ... ought to know may be used by that state for a purpose prejudicial ..." seems to impose a standard of only recklessness or even negligence. Secondly, it is peculiar that both sections use the expression "for ... purpose prejudicial to the safety" of Canada, but in the *O.S.A.* it is the accused who must have the prejudicial purpose, whereas in *Code* paragraph 46(2)(*b*) it is the foreign State that has the prejudicial purpose, not the accused. Also the *O.S.A.* speaks of "safety or interests of the State," suggesting that economic information would also be protected by that Act, whereas *Code* paragraph 46(2)(*b*) refers to "safety or defence of Canada," and therefore would not protect economic information. As an aside, it is perplexing to note that the sabotage offence in section 52 of the *Code* uses yet another variation of the same expression, "purpose prejudicial to the safety, security or defence of Canada."

The physical elements of the *Code* and *O.S.A.* espionage offences differ as well. Thus, paragraph 46(2)(*b*) simply proscribes communicating or making available "military or scientific information or any sketch, plan, model, article, note or document of a military or scientific character that he knows or ought to know may be used by that state for a purpose prejudicial ...." Contrast this with the long and detailed lists of proscribed conduct set out in sections 3 and 4 of the *O.S.A.*

Another point of inconsistency between these two Acts, is the extraterritorial scope for the espionage offences. Subsection 46(3) of the *Code* provides that the paragraph 46(2)(*b*) offence can be committed abroad by a Canadian citizen or anyone owing allegiance to Her Majesty in right of Canada. On the other hand, section 13 of the *O.S.A.* provides that the sections 3 and 4 espionage offences can be committed abroad by a Canadian citizen or by anyone who, at the time he obtained the information, owed allegiance to Her Majesty. This inconsistency means that where a person situated outside of Canada, has given up allegiance to Canada at the time he communicates the information, he cannot be prosecuted for treason under the *Code* but he is still liable under the *O.S.A.* And, if a person obtains information while he is not a Canadian citizen or does not owe allegiance to Canada, then assumes allegiance to Canada, and subsequently communicates the information, he will not be liable under the *O.S.A.* but will be subject to prosecution for treason.

Finally, the punishment for espionage under the *Code* and the *O.S.A.* is different. Under section 15 of the *O.S.A.* the punishment may range from twelve months in jail or a five-hundred-dollar fine to fourteen years imprisonment. Under section 47 of the *Code* the punishment for espionage is either a maximum of fourteen years imprisonment in times of peace, or life imprisonment in times of war.

B. Excessive Complexity and Detail

The problem of excessive complexity and detail is one that pervades the entire scheme of offences against the State, as well as the individual provisions. The most obvious and serious defect of this kind is the fact that Parliament has created two separate but overlapping codes of offences, each complete with its own rules of procedure and evidence, to deal with one relatively limited subject. Clearly it would have been simpler to put all these offences in one place. It is also questionable whether there is a need for special evidentiary and procedural rules for these offences, such as the corroboration requirement and special time limitations for treason, when there are already general rules of evidence and procedure that could be applied.

Excessive detail and complexity can be found within the individual sections of the *Code* and the *O.S.A.* as well. Turning to the *Code* first, we find in sections 46 and 47 examples of needlessly complex drafting. Subsection 46(2) (treason) piggybacks on itself and on subsection 46(1) (high treason) in that paragraphs 46(2)(c) and (d) define two of the heads of treason as conspiring or forming an intention "to do anything that is high treason or that is mentioned in paragraph (a)." Then section 47, in listing the punishments for treason, simply refers to subsection numbers in section 46, so that it is necessary to trace backwards through subsections 46(2) and 46(1) to understand what punishment applies to what conduct. Surely this could be drafted more simply and clearly.

The worst examples of complexity and excess detail, however, are to be found in the *O.S.A.*, an Act which can fairly be condemned as one of the poorest examples of legislative drafting in the statute books. The Act only deals with leakage- and espionage-related offences: section 3, the spying offence proper, contains a long list of proscribed conduct; section 4 deals at length with wrongful communication or use of information, and then sets out three additional specific offences; sections 5, 6, 8 and 9 create further spying-related offences. All of these provisions are long-winded, some with sentences of over one hundred and fifty words in length, and many are incomprehensible. The *O.S.A.* devotes several pages and over a thousand words to espionage-related offences whereas the *Criminal Code* manages to say perhaps all that needs to be said about the offence of spying in one short paragraph (s. 46 (2)(b)). Despite all the detail and complexity, the *O.S.A.* espionage offences are no more precise than paragraph 46(2)(b) of the *Code*; indeed, their exact scope remains unclear.[65]

---

65. See *infra*, pp. 33-4. The *O.S.A.* presented no serious impediments to the prosecution of Morrison (Long Knife) because of the strong evidence against him: he had confessed his crime in a television interview. On January 23, 1986, he pleaded guilty to violating *O.S.A.* paragraph 3(1)(c). See also *Re Regina and Morrison* (1984), 47 O.R. (2d) 185 (Ont. H.C.), appeal dismissed October 17, 1984.

C. Uncertainty

The problem of uncertainty as to the meaning of certain words and expressions used in the *O.S.A.* and Part II of the *Code* is a particularly serious one because of the extreme severity of the punishments for these offences. In some cases it is just a question of an obscure phrase that throws the meaning of the section into doubt; in other cases Parliament has failed to define the offence at all. We will consider first uncertainties in Part II of the *Code*; second, uncertainties common to both the *Code* and the *O.S.A.*; and third, uncertainties specific to the *O.S.A.*

Turning to the *Code* then, we find that section 46 has several defects of ambiguity. First of all, it is unclear what is meant by "levies war" in paragraph 46(1)(*b*). Is it meant only to apply to internal rebellions by Canadians, or would it include foreign invaders present in Canada?[66] It would seem strange to include the latter group in the offence of treason. Treason is based on the fundamental notion of betrayal, and an enemy soldier at war with Canada can hardly be said to betray Canada since he owes no duty to Canada. Second, the phrase "assists an enemy" in paragraph 46(1)(*c*) is vague in that it does not specify whether the assistance has to be related to the war effort and whether it must be substantial. Such restrictions on the meaning of this phrase would only be reasonable, although at least one Canadian court has not read the words so narrowly.[67] Third, because of the uncertainty as to the meaning of paragraphs 46(1)(*b*) and 46(2)(*a*) there is some doubt as to whether a unilateral act of secession by a province or a municipality would constitute treason, as being either levying war against Canada or using force to overthrow the government. While it would be reasonable to interpret these two sections as including forceful or violent action aimed at secession, mere non-violent actions, such as a unilateral declaration of independence or secession legislation, are less obviously to be included. In our view, however, these matters are best resolved through the political process, rather than by resorting to the blunt instrument of the criminal law.

Aside from section 46, there are other poorly defined offences in Part II of the *Code*. First, there is uncertainty as to the meaning intended by the proscription in section 51 against doing an act of violence in order to intimidate a legislative body. Is it enough that the actor's intention is to frighten the legislators without more, or must he intend to cow them into taking or refusing to take certain measures? Section 51 does not specify, but section 381, setting out the general offence of intimidation, does contain this latter restriction: that the intimidation have a further purpose of influencing the

---

66. Mewett and Manning, 1985: 434; *Halsbury's Laws of England*, 1976: vol. 11, 479-80; U.K., Law Commission, 1977: 11-2. In fact, it is well settled that a foreign invader or "open enemy," present within Canada, does not commit treason because he is not within the protection nor therefore within the allegiance of the Crown: *Joyce* v. *Director of Public Prosecutions*, [1946] A.C. 347, p. 368 *per* Lord Jowitt L.C.

67. In *Lampel* v. *Berger* (1917), 38 D.L.R. 47 (Ont. S.C.), Mulock C.J. Ex., indicated that the payment of money to an enemy alien residing in neutral territory, knowing some of the money would be sent by the alien to his wife and family still living in enemy territory, would be assisting the enemy, and therefore treason.

behaviour of the victim. Section 51 ought to have been similarly restricted. Surely legislators are not such a fearful lot that merely frightening them, without more, should be a separate crime, additional to the crime of doing an act of violence.

Another example of uncertainty is found in section 71. This section deals with "unlawful drilling," but gives no actual definition of the offence. Section 71 just leaves it to Cabinet to decide on an *ad hoc* basis, by Order in Council, what the offence will be, where it shall apply, and to whom. Clearly, this is an unsatisfactory way to legislate criminal law.

The seditious offences in sections 60, 61 and 62 provide yet another example of uncertainty in the *Code*. For example, the three offences of speaking seditious words, publishing a seditious libel and being a party to a seditious conspiracy, each require that there be a "seditious intention," but this phrase is not defined. Subsection 60(4) tells us what will be presumed to be a seditious intention and section 61 tells us what will not be treated as a seditious intention, and yet nowhere in the *Code* is there a conclusive definition of what is in fact a seditious intention. Instead we have to turn to the common law to find its meaning, but the common law definition is also vague and uncertain.[68]

There are some defects that Part II of the *Code* and the *O.S.A.* have in common. We find the ambiguous phrase "for a purpose prejudicial to the safety or defence of Canada" in *Code* paragraph 46(2)(*b*), "for a purpose prejudicial to the safety, security or defence of Canada" in *Code* section 52, and "for any purpose prejudicial to the safety or interests of the State" in *O.S.A.* sections 3, 4 and 5. These phrases do not make it clear: (1) whether the accused must know his purpose is prejudicial or whether it suffices that the court finds it so; and (2) whether the existence of such a prejudicial purpose is a matter to be determined by the Crown in the exercise of its prerogative power or by the jury.

The answers to these questions have had to be provided by the courts. As no Canadian court has addressed these issues directly[69] the leading authority on these points is the English case of *Chandler* v. *Director of Public Prosecutions*,[70] in which the House of Lords took the position that in order to find someone liable under subsection 1(1) of the English *Official Secrets Act* of 1911 it was first necessary to determine what was the accused's immediate purpose (as opposed to his ultimate purpose or motive), and then decide whether that purpose was prejudicial to what the Crown, in the exercise of its Royal prerogative, considered to be the interests of the State. The recent acquittal of Clive Ponting by an English jury,[71] however, casts grave doubt on

---

68. *Boucher* v. *The King*, [1951] S.C.R. 265. For an explanation as to why the definition was omitted, see Friedland, 1979: 17.

69. This question is discussed superficially in *Rose* v. *The King* (1946), 88 C.C.C. 114, pp. 154-6, where it is said that the existence of a prejudicial purpose is an issue of fact for the jury to decide. It is not clear whether this means that the jury determines what is prejudicial, as well as whether the accused has such a purpose.

70. [1962] 3 All E.R. 142 (H.L.).

71. L. Plommer, "U.K. Civil Servant Found Not Guilty of Secrecy Breach," *The Globe and Mail*, 12 February, 1985, p. 1.

the enforceability of this rule because the jury decision amounted to a conclusion that what the government of the day considered to be prejudicial to the interests of the State was not necessarily so.

Whatever may be the merits of the House of Lord's decision to resolve the ambiguities of the phrase "purpose prejudicial" in favour of the Crown prerogative, it would seem that since the enactment of the Charter, and the Supreme Court decision in *Operation Dismantle Inc.* v. *Canada*,[72] this easy solution is not available in Canada because the exercise of Royal prerogative is now reviewable by the courts. On the basis of the *Operation Dismantle* case, a person charged with communicating secret information to a foreign State under *Code* paragraph 46(2)(*b*) or *O.S.A.* section 3 could argue that the government's assessment of the prejudicial nature of his purpose was wrong because the governmental policy underlying that assessment violated the rights and freedoms guaranteed to Canadians by the Charter. Thus, the meaning of the phrase "purpose prejudicial" in Canada remains entirely uncertain.

Another source of some uncertainty found in both the *Code* and the *O.S.A.* is the use of a duty of allegiance to Her Majesty as a criterion for determining the extraterritorial scope of liability for offences against the State (see *Code*, s. 46(3); *O.S.A.*, s. 13). In what circumstances and by whom allegiance is owed is not an easy question, and we must turn to the case-law for answers. The only decision on point is the rather astonishing case of "Lord Haw Haw,"[73] in which an American citizen, living in Germany and broadcasting Nazi propaganda, was found to owe allegiance to the King of England because he had previously obtained a British passport and never relinquished it.

While this decision went too far, and is best attributable to the high feelings running in post-war England, it would be too restrictive to limit the extraterritorial application of the offences against the State to Canadian citizens. What about landed immigrants and other aliens who have been permitted to live in Canada and have been given the protection of this State? Surely they should be criminally liable if they commit these acts in Canada, while enjoying the protection of this State. So why should they be able to do the same things with impunity when outside Canada? Instead of relying on the artificial concept of allegiance, it might be better if the legislators would focus on the underlying reason for imposing liability on someone for offences against the State committed abroad. That reason is expressed in the notion of reciprocity whereby, in exchange for the protection and shelter afforded by the State, a person has an obligation not to do things that will threaten the security of the State. We will examine more closely this concept of reciprocity in the next chapter.

Finally there are specific problems of uncertainty that arise only in the *O.S.A.* Two examples will suffice. Foremost is the difficulty in ascertaining whether the Act is meant to apply only to secret and official information or to any kind of information. The statute itself offers conflicting possibilities. Legislative history suggests that the Act was not meant to be limited to secret and official information and that the words

---

72. *Operation Dismantle Inc.* v. *Canada* (1985), 59 N.R. 1 (S.C.C.).

73. *Joyce* v. *Director of Public Prosecutions*, [1946] A.C. 347 (H.L.).

"secret official" were not meant to qualify the entire list of items protected, but only "code word" and "password."[74] On the other hand, the title of the Act and the fact these two words appear at the beginning of the list of items ("*secret official* code word, or password, or any sketch, plan, model, article, or note, or other document or information") covered in the Act, suggest that only secret official information was meant to be protected by the Act. It is an indication of the uncertainty as to the intended meaning of the *O.S.A.* that the Québec Court of Appeal held that it applied to secret and official information only,[75] whereas the Franks Committee concluded that the English Act had much wider application, with the words "secret and official" only qualifying "code word or password," and not the other items listed.[76] Clearly, this is a matter of such critical importance that it should only be settled by Parliament, not the courts.

The last (and equally unresolvable) example of the problem of uncertainty is found in section 8 of the *O.S.A.*, which rather cryptically makes it an offence to "wilfully omit or refuse to disclose to a senior police officer" certain information that one has about suspected spies. The phrase "wilfully omit ... to disclose" is ambiguous. Does it impose an affirmative duty to seek out and inform the senior police officer, or is one only bound to disclose information if one is actually being questioned? Clearly, such an exceptional duty to inform the police about suspected criminals should be worded in unequivocal language, so that people can know the extent of their criminal liability.

II.   Content

A.   Laws That Are Out of Date and Lacking in Principle

The first substantive defect to be considered relates to the failure of the authors of these two mini-codes to recognize the values that underlie these offences; and to update the provisions so as to adjust to changes in these values over time. The most obvious illustrations of this point are found in Part II of the *Code*.

---

74.   The words "secret official" did not appear in England in the 1889 or 1911 U.K. Acts. They were, in fact, added by a Schedule at the end of the 1920 Act and were referred to in the Act itself as "minor details," *Official Secrets Act*, 1920, s. 10. No one suggested that by adding these words they were changing the meaning of the 1911 Act. That Act had been introduced in part to control the activities of German agents who were openly collecting information that was clearly not secret or official information (for example, sketching harbours). (See Williams, 1965: 23-4; Bunyan, 1976: 7-8.) When Canada enacted the *O.S.A.* in 1939 there was no indication that a substantial departure from the 1911 and 1920 English legislation was intended.

75.   *Boyer* v. *The King* (1948), 94 C.C.C. 195 (Qué. C.A.). See also *Biernacki* (1961) (unreported Judgment No. 5626 of the Court of Preliminary Inquiry, District of Montréal); *Spencer* (1966) (discussed in Canada, Commission of Inquiry ..., 1966), and *R.* v. *Toronto Sun Publishing Limited* (1979), 24 O.R. (2d) 621 (Prov. Ct.)).

76.   U.K. Departmental Committee ..., 1972: Appendix III, 125.

The language, general layout and substance of the treason offence (*Code*, s. 46) show signs of being out of date. Indeed, section 46 is embalmed in language that was first enacted in 1351. Three examples will suffice to illustrate this point. First of all, despite six hundred years of political evolution in England and Canada, during which the power and importance of the monarchy was completely eclipsed by Parliament, section 46, the central offence against the State, nonetheless starts off in exactly the same way as the original *Statute of Treasons*, with killing or attempting to kill the sovereign. The second example concerns the archaic expression "levies war," found in paragraph 46(1)(*b*), which is taken directly from the statute of 1351. Not only does the phrase have an old-fashioned ring to it, but it is used in an unfamiliar sense as well. Instead of meaning the actual declaring and waging of war by a foreign enemy State, as might be understood by a modern reader (and which surely is not treason, anyway), it is intended to describe mere insurrection or rebellion by Canadians.[77] Third, the special provisions respecting the forming of an intention to commit treason and manifesting that intention by an overt act (found in s. 46(2)(*d*) and (*e*)), stem from the medieval concern with criminalizing attempts to commit treason.[78] In those days there was no general law of attempts, so it was necessary to provide specifically that compassing or imagining the king's death was itself treason.[79] Now that *Code* section 24 makes it a crime to attempt to commit any offence the continued existence of these special rules is both anachronistic and redundant.

The offence of sedition provides another example of an outdated and unprincipled law. The original aim of the crime of sedition was to forbid criticism and derision of political authority, and as Fitzjames Stephen pointed out,[80] the offence was a natural concommitant of the once prevalent view that the governors of the State were wise and superior beings exercising a divine mandate and beyond the reproach of the common people. With the coming of age of parliamentary democracy in the nineteenth century, government could no longer be conceived as the infallible master of the people, but as their servant, and subjects were seen to have a perfect right to criticize and even dismiss their government.[81] Indeed it is essential to the health of a parliamentary democracy such as Canada that citizens have the right to criticize, debate and discuss political, economic and social matters in the freest possible manner. This has already been recognized by our courts[82] and now the *Canadian Charter of Rights and Freedoms* provides additional guarantees of political freedom of expression (see ss. 2, 3). Is it not odd then that our *Criminal Code* still contains the offence of sedition which has as its very

---

77. See Mewett and Manning, 1985: 434; *Halsbury's Law of England*, 1976: 479-80; U.K., Law Commission, 1977: 11-2.

78. Hale, 1736: 107-19, 613; Fletcher, 1978: 205-18.

79. The general law of attempts developed later in the Star Chamber through such decisions as *The Case of Duels* (1615), 2 State Trials 1033, and afterwards was adopted by the Court of King's Bench in *R. v. Scofield* (1784), Cald. Mag. Rep. 397 and *R. v. Higgins* (1801), 2 East 5, 102 E.R. 269. For a description of this development see Canada, LRC, 1985b.

80. Stephen, 1883: 298-395.

81. *Id.*: 299-300.

82. *Boucher* v. *The King*, [1951] S.C.R. 265, p. 288, *per* Rand J.; *Saumur* v. *City of Quebec*, [1953] 2 S.C.R. 299; *Switzman* v. *Elbling and Attorney-General of Quebec* (1957), 7 D.L.R. (2d) 337 (S.C.C.); *Reference re Alberta Statutes*, [1938] S.C.R. 100.

object the suppression of such freedom? In the *Boucher* case,[83] the Supreme Court of Canada tries to deal with this inconsistency by taking a narrow view of the common law definition of a seditious intention. Applying their narrow definition, there no longer seems to be a need for a separate offence of sedition, because the only conduct that would be proscribed by it could just as well be dealt with as incitement (*Code*, s. 422), conspiracy (*Code*, s. 423), contempt of court, or hate propaganda (*Code*, ss. 281.1, 281.2). Clearly, *legislative* revision is in order as well.

A further example of offences against the State being out of step with the times is the continued inclusion in the *Code* of the offence of counselling desertion and aiding or harbouring deserters from the Royal Canadian Mounted Police force (s. 57). From the beginnings of the R.C.M.P. force in 1873, its personnel, structure and orientation gave it more the character of a military force (with its members having the additional powers of peace officers), rather than an ordinary civilian police force.[84] Thus it was probably thought to be necessary to include an offence of assisting desertion from the R.C.M.P., to parallel the offence respecting aiding deserters from the Armed Forces (now s. 54). But over the years the role of the R.C.M.P. has become more and more that of a civilian force, and it no longer seems appropriate to give them the special protection afforded by section 57 when it is denied to other police forces, such as the Québec and Ontario provincial police who perform the same tasks as do the R.C.M.P. in other provinces.[85]

The last two examples in this category of defects are cases where it is not so much that the law is out of date but that it is simply lacking in principle. One instance of this problem is the imposition of time limitations of sixteen days for the prosecution of treason when evidenced by spoken words and three years for the prosecution of treason committed by using force to overthrow the government (*Code*, s. 48). Presumably one of the original purposes of the sixteen-day limitation was to avoid the difficulties of witnesses trying to recollect treasonable words that they had overheard, but with today's electronic means of recording speech, this justification loses much of its force; and anyway, there is no similar rationale for the three-year time-limit. With this possible justification now obsolete, the continued existence of these provisions seems to suggest one of two things: either the conduct (that is, treason) is not really criminal at all because, unlike other serious crimes, it loses its reprehensibleness merely by the passage of a little time; or treason is a political crime that loses its criminality when the political winds change. This latter view is neatly phrased in the old adage:

Treason doth never prosper:
What's the reason?
For if it prosper,
None dare call it treason.[86]

---

83. [1951] S.C.R. 265.

84. Canada, Commission of Inquiry..., 1981: 49 ff.

85. *Id.*: 50.

86. Sir John Harington, *Epigrams*, bk. iv, No. 5, "Of Treason."

But surely if something is worth criminalizing at all, and especially if it is considered to warrant punishment by life imprisonment, as is treason, it should not lose its criminal character either because time has passed (certainly not so brief a time as sixteen days), or because the political leaders have changed.

The last example of unprincipled law is found in the *O.S.A.* The problem there is that the Act deals with both espionage and espionage-related crimes *and* breaches of confidence by Crown employees, without differentiating between the two. Certainly there may be cases in which a civil servant exploits his security clearance to obtain secret information and communicate it to a foreign State, but not every case of breach of trust involves international espionage. The *O.S.A.*, however, always treats the loquacious public servant and the secret agent alike: both may be charged under the same section (s. 4), the punishment is the same, and, more importantly, the terrible stigma of prosecution under the *O.S.A.* is identical for both, because the public and the news media are unable to discern whether it is a case of calculated espionage or careless retention of documents.[87]

B. Overcriminalization

The preceding discussion of the problems with the current offences against the State has no doubt indicated to the reader that one of the worst defects in this area of the law is that many of the offences overreach the acceptable limits of criminal law. A few examples will confirm this impression.

Some of these examples of overcriminalization are already familiar. First, the negligence standard for treasonous espionage in *Code* paragraph 46(2)(*b*) is entirely inappropriate for an offence punishable by life imprisonment. Second, the offence of sedition infringes on basic rights of expression. Third, it seems excessive to make it a *Criminal Code* offence to counsel a member of the R.C.M.P. to desert.

There are other examples of overcriminalization as well. For instance, besides treating absent-minded civil servants in the same way as enemy spies, the *O.S.A.*, according to the British interpretation at least, contains no limitation as to materiality, substance or public interest,[88] and is so wide as to make it a crime to report the number of cups of tea consumed per week in a government department![89]

---

87. An example of this was the prosecution of Peter Treu for wrongfully retaining and failing to take proper care of NATO documents, contrary to *O.S.A.* paragraphs 4(1)(*c*) and (*d*). The fact that the trial was held *in camera* only served to add to the mystery surrounding the case. Treu was finally acquitted by the Québec Court of Appeal (1979), 49 C.C.C. (2d) 222, but the controversy about his prosecution continues to this day.

88. U.K. Departmental Committee ..., 1972: para. 17.

89. Williams, 1978: 160-1, referring to a comment by former British Attorney-General Sir Lionel Heald, Q.C.

Another example is *Code* paragraph 50(1)(*a*) which makes it an offence to assist an enemy alien to leave Canada without the consent of the Crown. The section is not of general application but is limited to times when Canada is at war or engaged in armed hostilities. Even then, this conduct does not seem serious enough to warrant criminalization,[90] and surely could be left to War Measures regulations instead of cluttering up the *Code*.

Another instance of overcriminalization is the creation of offences of failing to inform the authorities about suspicious conduct. Paragraph 50(1)(*b*) of the *Code* makes it an offence to fail to report to the authorities or prevent anticipated acts of treason, while section 8 of the *O.S.A.* makes it an offence to omit to disclose to a peace officer information about anyone that one believes is about to commit or has committed an offence under that Act. Nowhere else in the criminal law is there an affirmative duty to warn the authorities when crimes are about to be committed, not even for murder. Nor is there a general duty to prevent the commission of other serious crimes. Canadians may now be ready to accept a general duty to prevent serious bodily harm befalling others,[91] but it is not so clear that they would be prepared to shoulder the additional burden of actively helping the police fight those who commit the various crimes against the State. Indeed, it is at least arguable that the existence of these unusually coercive provisions only serves to foster public suspicion that these are really "political crimes" designed to serve the ruling party at all costs. Nevertheless some (but certainly not all) of the crimes sought to be prevented by *Code* paragraph 50(1)(*b*) and *O.S.A.* section 8 involve such a serious risk to the whole State that it may be justifiable to extend the duties of the private citizen in those cases. In the next chapter we will have to consider whether a strictly limited version of these duties is in fact necessary to protect the legitimate interests of the State.

The last example of overcriminalization is the inclusion in the *Code* of crimes pertaining to discipline in the Canadian Forces. There are three offences of this kind: inciting mutiny or treachery (s. 53), interfering with loyalty or discipline (s. 63), and assisting or harbouring a deserter (s. 54). Only in times of war or violent insurrection would such conduct become serious enough to warrant criminalization, but even then it would be better dealt with in emergency War Measures legislation rather than in the *Code*. In times of peace, harbouring a deserter (s. 54) is too benign an act to be considered criminal, and respecting sections 53 and 63, the public interest in the free expression of opinions by civilians should prevail over the inviolability of army discipline.

C.   Infringement of the *Canadian Charter of Rights and Freedoms*

Not only are the existing offences against the State out of date, complex, repetitive, vague, inconsistent, lacking in principle and overinclusive, but there is reason to suspect

---

90.   For example, see *R*. v. *Snyder* (1915), 24 C.C.C. 101 (Ont. C.A.); and *Re Schaefer* (1918), 31 C.C.C. 22 (Qué. C.A.).

91.   Canada, LRC, 1985.

that some of the sections offend the provisions of the *Canadian Charter of Rights and Freedoms* as well. There are two main areas of concern in this regard: one is the possibility of unconstitutional limitations on freedom of expression as protected by paragraph 2(*b*) of the Charter; the other is the possibility of infringement of the paragraph 11(*d*) right to be presumed innocent until proved guilty.

The most probable sources of conflict with freedom of expression are the sedition offences in *Code* sections 60, 61 and 62. Although freedom of expression is not unlimited[92] — for example, incitement of crime clearly is not protected speech — it may be that the courts would find that the limitations on expression imposed by the sedition offences go too far to be considered "reasonable limits" within section 1 of the Charter. There are at least two grounds upon which the courts could reach this conclusion: first, freedom to criticize government and express political opinions is essential for the effective exercise of the democratic right to vote guaranteed by section 3 of the Charter;[93] and second, the seditious offences are so vague and uncertain that they needlessly "chill" legitimate expression.[94]

With respect to the right to be presumed innocent guaranteed by paragraph 11(*d*) of the Charter, a likely source of conflict is the reverse onus in paragraph 50(1)(*a*) of the *Code*, which requires that the accused prove that he did not intend by his actions to assist an enemy State. Although the exact meaning of the paragraph 11(*d*) right has not been settled yet by a decision of the Supreme Court, two appellate courts have recently provided some guidance as to how the section applies. In one case, *R. v. Carroll*,[95] the Prince Edward Island Supreme Court *in banco*, held that section 8 of the *Narcotic Control Act* offended paragraph 11(*d*) of the Charter. The test they applied in reaching this decision was as follows: a persuasive presumption requiring the court to convict unless the accused can rebut the presumption on the balance of probabilities (as opposed to merely raising a reasonable doubt) infringes paragraph 11(*d*). In the

---

92. *Boucher* v. *The King*, [1951] S.C.R. 265, p. 277, *per* Rinfret C.J.:

> I would not like to part this appeal, however, without stating that to interpret freedom as licence is a dangerous fallacy. Obviously pure criticism, or expression of opinion, however severe or extreme, is, I might almost say, to be invited. But, as was said elsewhere, "there must be a point where restriction on individual freedom of expression is justified and required on the grounds of reason, or on the ground of the democratic process and the necessities of the present situation." It should not be understood from this Court — the Court of last resort in criminal matters in Canada — that persons subject to Canadian jurisdiction "can insist on their alleged unrestricted right to say what they please and when they please, utterly irrespective of the evil results which are often inevitable."

Section 1 of the Charter itself sets "reasonable limits" on freedom of expression. See Manning, 1883: 205.

93. Pre-Charter cases espousing this view are set out *supra*, note 82. See also, *Yates* v. *U.S.*, 354 U.S. 298 (1957). Dealing with voting rights under section 3 of the Charter, Taylor J. said: "That 'discussion and the interplay of ideas' are to form the basis of our electoral process is confirmed, I think, by the Charter, in particular by adoption in s. 1 of the 'free and democratic society' as its constitutional model." *Re Jolivet and R.* (1983), 7 C.C.C. (3d) 431, pp. 434-5.

94. This argument has been used in the United States. See: *Winters* v. *New York*, 333 U.S. 507 (1948); *Connor* v. *Birmingham*, 257 A.L.A. 588 (1952); *Scull* v. *Virginia ex rel. Committee on Law Reform and Racial Activities*, 359 U.S. 344 (1959).

95. (1983), 4 C.C.C. (3d) 131 (P.E.I. C.A.).

second case, *R. v. Oakes*,[96] the Ontario Court of Appeal reached the same conclusion but the standard that they applied was somewhat more stringent than that in the *Carroll* case: a reverse onus clause would infringe the Charter if there were no rational connection between the facts as actually proved, and the fact to be presumed. It is fair to say that *Code* paragraph 50(1)(*a*) would not pass the tests of constitutionality suggested by either court.

The numerous presumptions in *O.S.A.* section 3 may run afoul of Charter paragraph 11(*d*) as well. These presumptions were scrutinized and restricted by the Ontario Court of Appeal long before the Charter came into force. In *R. v. Benning*[97] the Crown attempted to found a charge under *O.S.A.* paragraph 3(1)(*c*), upon the presumptions in subsections 3(3) and (4) and the mere fact that the accused was a social acquaintance of a foreign agent. The Ontario Court of Appeal rejected the suggestion that these presumptions could be used to establish all the elements of the offence. Robertson C.J.O. held that notwithstanding subsections (3) and (4) the accused must be presumed innocent until the Crown provides evidence that he in fact committed the crime charged. Robertson C.J.O. reasoned, if Parliament had intended to shift the whole burden of proving innocence onto the accused, then simply upon the Crown establishing that the accused had been in communication with an agent of a foreign power, Parliament would have said just that. That conclusion seems to ignore what was fairly obviously Parliament's intention all along, but the result was laudable because the court effectively took the bite out of the section 3 presumptions. As well, if the *Carroll* and *Oakes* cases are any indication of the correct interpretation of paragraph 11(*d*), it would seem that a Charter challenge to the section 3 presumptions would almost certainly succeed.

---

96. (1983), 2 C.C.C. (3d) 339 (Ont. C.A.). The Supreme Court of Canada dismissed an appeal from this decision on February 28, 1986 (not yet reported).

97. [1947] 3 D.L.R. 908 (Ont. C.A.).

CHAPTER FIVE

A New Approach

I.   The Challenge

We have seen that the present offences against the State have fallen out of step with Canada's constitutional development in that they overemphasize the monarchy and fail to recognize important political rights. Simply in terms of form, the sections are complex, inconsistent and vague; some use archaic language, and some are even otiose.

Despite all the defects of the present sections we cannot do away with these kinds of crimes entirely. The conduct proscribed by the most serious of these offences strikes at the very core of the security and well-being of this nation and its inhabitants.

The problems identified in the last chapter suggest that although there is merit in the basic substance of many of the present offences, the form and detail of the existing sections are badly in need of re-examination, so that the appropriate course to take at this point is a fresh start — a reformulation of these offences based on fundamental principles applicable in the present Canadian context.

II.   The Rationale: Reciprocal Obligations of the State and the Individual

The present Canadian context is that we live in (1) a society organized into (2) a State of (3) a democratic nature. These are the three key concepts in ascertaining the underlying rationale for offences against the State, and therefore deserve some explanation.

"Society" is a rather uncertain term meaning, generally, a group of human beings bound together for self-maintenance and self-perpetuation, sharing their own institutions and culture. The concept denotes continuity and large-scale, complex social relations.[98]

---

98.   Aberle *et al.*, 1950: 101.

Next, the word "democracy" literally means rule by the people, but in contemporary usage it has several different meanings. The one that is most applicable to Canada is as follows: a form of government in which the right to make political decisions is exercised by the citizens through representatives chosen by and responsible to them, and in which the powers of the majority are exercised within a framework of constitutional restraints designed to guarantee minorities the enjoyment of certain individual or collective rights, such as freedom of speech and religion. This is constitutional representative democracy, as we know it in Canada.[99]

Next, the word "State" has a wide spectrum of meanings ranging from the political organization of society, or body politic, to the narrower interpretation as the institutions of government. In addition it usually has a connotation of physical territory delineated by geographical boundaries. On a broad reading, the word "State" can be used to encompass "society" and "democracy,"[100] but in this part of the Paper we will try to use the term in its narrower sense (that is, institutions of government), in contradistinction to both society and democracy, in order to analyse more carefully what interests should be protected by the criminal law.

Crimes against the State should be concerned primarily with protection of the State and democracy, as defined. Society *per se* is also in need of protection but this is a matter more appropriately dealt with as crimes against public order (currently the subject of a draft Working Paper), and so, will be excluded from the present discussion. Nevertheless the concept of "State" includes important aspects of the notion of "society" so that we will see that the offences against the State, designed to protect the State and democracy, will in fact serve to protect Canadian society as a whole as well.

Thus, there are many facets of the State that deserve protection. First, the people who make up the society that is the State should be protected from violent attack, whether by foreign invaders or internal revolutionaries. Second, the formal State institutions such as the legislative, executive and judicial branches of government should be protected from violence and coercion. Third, the democratic character of the State and its institutions should be protected from destruction.

But there are limits to what can legitimately be protected by the criminal law in a democratic State. For example, to use the criminal law to secure the government of the day from non-violent political opposition, which is the very life-blood of a democracy, would clearly be going too far.

Of course, history shows that this kind of suppression of political opposition was often the object of such crimes as treason, *lèse-majesté* and sedition.[101] Indeed, conflict theorists would say this is the only purpose of offences against the State.[102] Thus, these

---

99. *Encyclopaedia Britannica*, 1973-1974: *Micropaedia*, vol. 3, 458; vol. 14, 715.

100. See M. Fried, defining "state" in Sills, 1972: vol. 15, 143.

101. For an analysis of the Canadian experience, see McNaught, 1974; and MacKinnon, 1977. The British experience is well documented by Stephen, 1883: 250-80.

102. Reedie, 1978; Brickey, in Greenaway and Brickey, 1978: 6-8; Rich, 1979: 53-70.

theorists usefully highlight the potential for oppressive State use of criminal law, which has largely been ignored by those who view society and the State as the product of a consensus of the people.

However, the conflict theorists overlook the fact that there are other valid reasons for having offences against the State. In particular, they fail to recognize that the very existence of a State requires a certain minimum consensus as to the need for general peace, order and non-violence, and that this minimum consensus can legitimately be reflected in crimes against the State.[103]

Surely, the first object of political association is to establish and maintain a state of peace so that the various pursuits of life may be carried on without interruption by violence.[104] There has to be a certain amount of ordering of society and conformity to law so that the State can provide the people with what is really essential, that is, peace and freedom to pursue their individual aspirations.[105] Criminal laws that aim at upholding the minimum conditions of social life are obviously justifiable and, indeed, essential.[106]

If State institutions succeed in securing peace and freedom for the individuals living within the territory of the State, a relationship of reciprocity develops between the individual members of the State and between each of them and the State.[107]

The reciprocal relationship between the individual and the State involves, on the part of the State, protection of the individual from violent invasion and oppression, and, on the part of the individual, a concomitant obligation to uphold the State and not betray it. Thus if the State affords such protection to the individual, betrayal of the State by the individual would be wrongful and deserving of criminal sanction. On the other hand, if the State fails to protect the individuals, if they are not secure from violence and oppression and live in fear for their lives, they may not be obliged to uphold that State. Indeed, in extreme circumstances, they may be justified in revolting and taking whatever measures were necessary in order to re-establish a safe and free society.[108]

Hart explains the relationship between the individuals in these words:

> [P]olitical obligation is intelligible only if we see what precisely this is and how it differs from the other right-creating transactions (consent, promising) to which philosophers have assimilated it. In its bare schematic outline is this: when a number of persons conduct any joint enterprise according to rules and thus restrict their liberty, those who have submitted to these restrictions when required have a right to a similar submission from those who have benefited by their submission. The rules may provide that officials should have authority

---

103. Canada, LRC, 1975: 43-4. The consensus theory is explained in Chambliss, 1975: 5-6.
104. Stephen, 1883: 241.
105. Canada, LRC, 1975: 21.
106. *Id.*: 22. This is the theory of Jeremy Bentham and the Utilitarians.
107. Williams, 1948: 56-7; Hart, 1955: 185-6.
108. Hart, 1955: 186; Wasserstrom, 1968: 300-4; Hart, 1961: 203-7; Jenkins, 1980: 194, 210.

to enforce obedience and make further rules, and this will create a structure of legal rights and duties, but the moral obligation to obey the rules in such circumstances is *due* to the co-operating members of the society, and they have the correlative moral right to obedience.[109]

From this we see that the relationship between State and individual and between individuals is one of reciprocity with obligations on all sides.[110] If the State utterly fails to take steps to protect its citizens from violence by foreign invaders or rebels, the citizens can hardly be said to be under a reciprocal duty to protect and uphold their State. On the other hand if the State does offer such protection, the individuals surely should uphold their State and do their part to maintain peace. If an individual chooses to betray the State and the other inhabitants by dragging the country into war or violent revolution, the State and the other inhabitants have the right to treat him as a criminal.

These theoretical observations could be tested against the reality of existing States. And it would be fair to say that in any State, certainly in any democratic State, one would find a consensus that there exist these minimal reciprocal obligations of State and individual.

Applying this theory to Canada then, we find that the Constitution[111] and in particular, the *Canadian Charter of Rights and Freedoms* help to explain what the notion of reciprocity means in the Canadian context, and thus provide us with guidance as to the kinds of activities which ought to be offences against the State here. These documents inform us that Canadian society is to function freely and democratically.[112] The rights to participate in government and freely express one's opinions are given constitutional protection in the Charter (ss. 1, 2, 3). This suggests that there are limits to what Canadians will accept in the way of restrictions on their freedom, and that there are limits on what the State can do in order to preserve itself and prevent violent upheaval or invasion.

Thus, while there is a common interest in maintaining peace within the State, Canadians will not accept peace at all costs. The State cannot legitimately maintain peace and preserve itself by prohibiting political debate, dissent, and agitation for governmental or constitutional change, or by taking away the right to participate in government. These activities are protected by the Charter (in ss. 1, 2, 3) and are part of the notion of democracy shared by Canadians.[113]

On the other hand, if the State were to criminalize activities that threaten or destroy our democratic institutions, this would be legitimate insofar as it would accord with

---

109. Hart, 1955: 185.

110. Coke described the relationship as *Protectio trahit subjectionem, et subjectio protectionem* — Protection draws allegiance and allegiance draws protection: Steinhaus, 1956: 265.

111. Canada, Department of Justice, 1983.

112. For example, see the Preamble and section 17 *et seq.* of *The Constitution Act, 1867*, and sections 1, 3, 4 and 5 of the Charter.

113. *Ibid.* See also *Reference re Alberta Statutes*, [1938] S.C.R. 100, pp. 132-5, *per* Duff C.J.

the consensus of Canadians as to the importance of these institutions (perhaps evidenced by our Constitution and the Charter), and the notion of reciprocity between State and individual as understood in Canada. We would feel obligated to comply with these restrictions on freedom so long as they were minimal, ensured free exercise of our democratic rights and permitted us to go about our day-to-day lives to pursue our personal goals.[114]

In summary then, the reciprocal duties of State and subject are such that in order to create an obligation of fidelity and obedience on the part of the inhabitants of a State, the State should protect them and their institutions from the threat of violent attack by foreign invaders and internal revolutionaries. While the scope of offences against the State is strictly limited by the rights and freedoms of the individual, nevertheless such crimes are necessary because they help to preserve a state of affairs in which these individual rights and freedoms may be exercised.

III.   The New Scheme of Crimes against the State

Having ascertained the rationale that underlies crimes against the State, we now turn to the task of redrafting these crimes.

Chapter Four demonstrated that the existing offences against the State are sorely in need of rewriting; none the less, some of the existing crimes are of such central importance that they should form the basis of our new scheme. Other crimes presently grouped with the offences against the State would fit better in different parts of the *Code*, or could be dealt with under the general rules found in the *Code*'s General Part. Still other offences should be removed from the *Code* entirely because they lack the gravity appropriate to criminal law.

Thus our new scheme would retain the substance of the following *Code* provisions: paragraphs 46(1)(*b*) (levying war against Canada); 46(1)(*c*) (assisting an enemy at war with Canada); 46(2)(*a*) (using force or violence to overthrow the government); 46(2)(*b*) (communicating or making available to an agent of a foreign State military or scientific information that could be used for a purpose prejudicial to Canada); 50(1)(*b*) (failing to report or prevent anticipated acts of treason); section 51 (doing an act of violence in order to intimidate Parliament or a provincial legislature); and, to some extent, paragraph 52(1)(*a*) (doing a prohibited act for a purpose prejudicial to the safety, security or defence of Canada).

The new scheme would also retain the basic thrust of section 3 of the *O.S.A.* (espionage). As well, we may want to retain a leakage offence, that would derive in substance (but not form) from section 4 of the *O.S.A.*

---

114.   Here, the notion of obligation is serving an evaluative as well as a reporting function, that is: people would feel a moral as well as a strictly legal obligation to obey such just and essential laws (see Smith, 1976: 144).

The redrafted crimes against the State would thus combine offences now found in the *O.S.A.* and Part II of the *Code* into one mini-code contained in the Special Part of the new Criminal Code. This would effectively eliminate the many problems of overlapping, complexity, and inconsistency encountered in the present legislation. In addition, locating all the crimes against the State within the new Code would serve first, as a reminder to Parliament that only very serious conduct should be treated as crimes against the State, and second, as a reminder to Canadians generally that this kind of conduct must be proscribed in order to ensure a peaceful, ordered and democratic society.

A. The New Crimes against the State

(1) Primary Crimes against the State: Treason

We favour continuing to use the title of "treason" to describe the primary crimes against the State because it is a term that is familiar to Canadians as meaning the crime of betraying one's country. We propose that the revised crime of treason should comprise:

(1) engaging in war or armed hostilities against Canada;

(2) assisting anyone engaged in such war or armed hostilities (including communicating classified national security information to a State engaged in war or armed hostilities against Canada, or its agent);

(3) using force or violence for the purpose of overthrowing the constitutional government of Canada or a province; and

(4) communicating or making available classified national security information to another State not engaged in war or armed hostilities against Canada, or its agent.

RECOMMENDATION

1. That the Special Part of the *Criminal Code* contain a new mini-code of Crimes against the State, providing as follows:

(1) [Engaging in war] It would be an offence intentionally to engage in war or armed hostilities against Canada.

(2) [Assisting the enemy] It would be an offence intentionally to assist anyone engaged in war or armed hostilities against Canada.

(3) [Using force or violence to overthrow the government] It would be an offence to use force or violence for the purpose of overthrowing the constitutional government of Canada or a province.

(4) [Espionage] It would be an offence:

(a) without having received lawful authorization, intentionally to communicate or make available *classified national security information* **to another State or its agent, other than a State engaged in war or armed hostilities against Canada, or**

(b) to obtain, collect or record *classified national security information* **for the purpose of committing the offence in (a).**

The crimes of engaging in war and assisting the enemy are modelled on existing paragraphs 46(1)(*b*) and (*c*) respectively. Basically, the conduct proscribed is initiating or assisting violent conflict with Canada, for example violent invasion of Canada. This kind of fundamental betrayal of Canada in times of national emergency clearly breaches the reciprocal obligation on the individuals enjoying Canada's protection, to maintain peace within the State.[115] As will be explained later, the offence of engaging in war can only be committed by those persons under a reciprocal duty to protect Canada, and so does not apply to foreign armies. Also it should be noted that the crime of assisting the enemy is quite different from secondary liability for assisting the commission of a crime. When a person aids an enemy at war with Canada, he does not aid the commission of a crime because it is not a crime under domestic law for an enemy to wage war against Canada. Thus, the offence of assisting the enemy is a primary offence, just like the offence of engaging in war.

Espionage committed in times of war for an enemy State would be just as threatening to the security of the State as other forms of assisting the enemy, and accordingly would be dealt with in the same way, as assisting the enemy.[116] However, this does not exclude the possibility that communicating other *unclassified information* to the enemy may also constitute the crime of assisting the enemy.

Similarly the use of force or violence for the purpose of overthrowing constitutional government breaches the obligation to maintain peace within the State. In addition it is a direct attack upon the democratic institutions and principles upon which this State is founded.[117] This offence aims more at the enemy within the country than the traitor without, although a clear line cannot be drawn between external and internal threats to national security. Again, the precedent for the offence is found in *Code* paragraph 46(2)(*a*).

Nowadays espionage presents an ongoing threat to national security, threatening both the physical safety of the State and the integrity of its democratic institutions,

---

115. *R.* v. *Casement*, [1917] 1 K.B. 98.

116. A similar approach is adopted by the U.S. National Commission on Reform of Federal Criminal Laws (1971: s. 1112(2)).

117. Canada, LRC, 1975: 43-4. In Canada, Commission of Inquiry ..., 1979: 15, para. 38, the McDonald Commission identified two aspects of State security deserving of protection: "The first is the need to preserve the territory of our country from attack. The second concept is the need to preserve and maintain the democratic processes of government. Any attempt to subvert those processes by violent means is a threat to the security of Canada."

even where no state of war or armed hostilities exist. This is truly the modern form of treason. We propose that giving State secrets to an enemy should be dealt with simply as assisting the enemy, and that giving State secrets to any other State should be dealt with under the new espionage offence.

We have combined the essence of the espionage offences presently found in section 3 of the *O.S.A.* and paragraph 46(2)(*b*) of the *Code*, but have abandoned the numerous modes of commission set out in the *O.S.A.*, and the requirement of proving that the accused had a "purpose prejudicial" to the State. Instead, espionage would be committed simply if someone *intentionally* communicates or makes available classified national security information to another State or its agent, without lawful authorization to do so, and there would be no necessity to show a further purpose. This approach is only possible because we make the additional proposal that the espionage offence be founded on a clear, uniform system of classification.[118]

We are not in a position to make specific, detailed recommendations about this classification scheme. Therefore, we only suggest general principles that might be useful in devising such a scheme. First, in order to avoid arbitrariness it might be advisable to subject the new scheme to Parliamentary scrutiny. Second, each of the various classifications should be clearly defined so as to avoid uncertainty concerning the application of the scheme. Third, there would have to be uniform procedures for classifying, authorizing disclosure of, and declassifying information. Fourth, to ensure that the classification/declassification procedures are being followed, the appropriateness of the classification of a particular piece of information should be reviewable by the courts. Finally, wherever possible classified information should be clearly marked as such so as to give notice to those handling the information.

Thus, the espionage offence would only be committed if the information communicated was "classified national security information." In general terms, this classification should encompass any matter with respect to which secrecy is required in the interests of national safety, security or defence. On a charge of espionage, the appropriateness of the classification of the information in question should be open to review by a court; and if it were found that the information was improperly classified, this should provide a defence to the spying charge.[119]

---

118. There is support in the Solicitor General's office for an improved classification system so as to eliminate the abuses of overclassification that commonly occur under the existing scheme. In Canada, Commission of Inquiry ..., 1979, the McDonald Commission, made a similar proposal. See Recommendations 31 through 38. In U.S., National Commission ..., 1971: ss. 1112-1114, the Brown Commission recommended that espionage offences be founded on a well-defined classification system. *Our* recommendation in this regard is contrary to the McDonald Commission (Canada, Commission of Inquiry ..., 1979: 15), Recommendation 4, which proposed to prohibit disclosure of "information whether accessible to the public or not, either from government sources or private sources, if disclosure is, or is capable of being, prejudicial to the security of Canada."

119. Although no such defence is specified under the present *O.S.A.*, this defence was recognized by Waisberg, Prov. Ct. J. in *R. v. Toronto Sun Publishing Limited* (1979), 24 O.R. (2d) 621. In Canada, Commission of Inquiry ..., 1979, the McDonald Commission included a similar proposal in their Recommendation 10.

48

Because of the difficulty in catching a spy in the act of communicating secret information to a foreign agent, it is necessary to criminalize preparatory acts as well. Therefore we would include an offence of obtaining, collecting or recording information for the purpose of so communicating it. This would catch preparatory acts that might not amount to an actual "attempt" to commit espionage, but which nevertheless pose a serious threat to national security.[120]

(2) Secondary Crimes against the State

The mini-code of crimes against the State should also contain secondary or ancillary offences that tend to support the objectives of the primary offences. This is the approach taken in the existing legislation, and the principle commends itself to us, although we would reject the excessive detail and triviality found in some of the present secondary offences against the State.

There are five matters proscribed, at least to some extent by existing law, that are worth considering as secondary offences: (a) using force to intimidate State institutions; (b) harming or killing the Queen; (c) sabotage; (d) failing to prevent or inform the authorities about offences against the State; and (d) leakage of government information.

(a) *Intimidating Organs of State*

We have seen that there are valid reasons of principle for making it an offence to use force for the purpose of overthrowing constitutional government, but what about lesser conduct that does not necessarily threaten the entire political order but which none the less presents a grave threat to the proper functioning of State institutions? Section 51 of the *Code* attempts to deal with this problem by prohibiting acts of violence done in order to intimidate Parliament or a provincial legislature. Although we have seen that this provision is vague and therefore virtually unusable, it contains a kernel of value. Accordingly, we propose to clarify what is meant by intimidation and to create a somewhat wider offence proscribing violent or forceful conduct that threatens the functions of all branches of government — judicial and executive as well as legislative.[121] We would move away from the vague notion of intimidation, and instead, focus on the concrete objective of the acts of violence. The new offence might be as follows:

RECOMMENDATION *(Cont.)*

(5) [Intimidating organs of State] It would be an offence to use force or violence for the purpose of extorting or preventing a decision or measure of a federal or provincial legislative, executive or judicial organ of State.

---

120. This is consistent with Recommendation 5 of the McDonald Commission (Canada, Commission of Inquiry ..., 1979: 16), except that our recommendation does not require proof of knowledge of a "purpose prejudicial."

121. Similar offences are found in: section 99 of the *Norwegian Penal Code* of 1902 as amended 1961; Chapter 18, section 1 of the *Swedish Penal Code*, as amended January 1, 1972; and sections 395 and 396 of the *German Draft Penal Code* E. 1962.

(b) *Harming or Killing the Sovereign*

Two other matters that are possible candidates for being crimes against the State are killing or harming the sovereign (presently *Code* ss. 46(1)(*a*) and 49) and sabotage (presently *Code* s. 52). Both of these acts have dual aspects, and in order to determine whether they should be treated as offences against the State one has to ascertain their dominant characteristics.

First, acts that harm the Queen have two features: they threaten her personal safety, and they may also threaten the safety and security of the State.[122] Today, because of the development of our Constitution, it is inaccurate to identify the physical security of the sovereign with the security of the State. One can no longer treat protection of the person of the sovereign as the central focus of the crimes against the State. Thus we propose to exclude acts of killing or harming the sovereign from the mini-code. Similarly, we would not want to make it a special crime against the State to kill or harm any other person who is important to the State. The crimes of assault, homicide and using force or violence to overthrow the constitutional government or to intimidate organs of State are more than adequate to deal with politically motivated crimes of violence. However, because of the historic and continuing symbolic significance of the monarchy, we propose that the chapter of the *Code* dealing with offences against the person should specifically provide that the killing or assaulting of the sovereign is aggravated homicide or assault, respectively.[123]

(c) *Sabotage*

Next, sabotage also has two main aspects. In one sense it is just an offence against property, with the additional feature of jeopardizing the safety of the State. As such it might be dealt with in the Part of the *Code* relating to property offences, as an aggravated form of vandalism and arson.[124] In another sense, however, sabotage is primarily an offence of jeopardizing the safety of the State, and it is just secondary that the means used is damaging property. Viewed as such, sabotage should be treated as an offence against the State. This is in fact what the present *Code* does, and we too would tend to favour this approach in spite of the fact that it may seem to disturb the symmetry of the *Code*'s property offences.[125]

RECOMMENDATION *(Cont.)*

(6) [Sabotage] It would be an offence intentionally to jeopardize the safety, security or defence of Canada by:

---

122. U.K., Law Commission, 1977: 37-9.

123. The U.K. Law Commission, 1977: 39, reached a similar conclusion.

124. In Canada, LRC, 1984a: 31, the Commission defines vandalism as damaging or destroying property or rendering property useless by tampering with it. In Canada, LRC, 1984: 29, the Commission defines arson as causing a fire or explosion resulting in damage to or destruction of property.

125. 18 U.S. C.S., Chapter 105 defines sabotage as an offence against national security rather than merely as a property damage offence.

(a)   **damaging, destroying or disposing of property, or**

(b)   **rendering property useless or inoperative, or impairing its efficiency.**

Alternatively, sabotage could be treated as an aggravated form of vandalism and arson.

(d)   *Failing to Prevent, or Inform the Authorities about,*
      Crimes against the State

The next offence to be considered is that of failing to prevent or to inform the authorities about the commission of crimes against the State. Historically, the common law offence of misprision of treason was directed at similar conduct.[126] Today, both *O.S.A.* section 8, in its muddled way, and paragraph 50(1)(*b*) of the *Criminal Code* deal with such conduct. Thus, despite the obvious anomaly of this kind of an offence we cannot just dismiss it without pausing for thought.

It must be admitted that we have heard strong arguments on both sides of this issue. Some of those with whom we consulted would like to see the duty to warn about or prevent crime extended to other serious crimes such as murder. Others called for the repeal of the provisions on the grounds of excessive State interference with personal liberty.

We have been torn by these arguments and in the end have taken a compromise position. We propose to limit the duty to warn about and prevent crime to wartime situations. The duty would only apply to two offences: first, engaging in war or armed hostilities against Canada; and second, assisting anyone engaged in war or armed hostilities against Canada.[127]

It would seem that if this duty were only invoked in times of national emergency, when the security of the State was in immediate danger, this would be consistent with the principle of reciprocal obligations between State and individual. Surely, in times of war there should be a duty on the citizen to take reasonable steps to inform the authorities about anticipated acts of treason or acts of treason that have already been committed, and to try to prevent such crimes where reasonably possible.

On the other hand, it would seem that in times of peace, the threat to the State presented by, for example, espionage, an act of sabotage, or even using force to overthrow the government, is not so immediate as to justify imposing a duty on the citizen actively to take steps to warn the authorities or prevent the crime. In this situation the rights of the individual to be left alone should take precedence over the State interest

---

126.   *Halsbury's Laws of England*, 1976: para. 819; U.K., Law Commission, 1977: 26-7.

127.   In U.K., Law Commission, 1977: 40, the authors were also inclined to limit the offence to wartime situations. The Brown Commission (U.S., National Commission ..., 1971: s. 1118) proposed an offence of harbouring that has much wider application.

in effectively combatting crime. Therefore, we do not propose a specific duty in this situation. Of course, this is not to say that there may not be a general duty to rescue people that one knows are in instant and overwhelming danger. But that topic is the subject of another Working Paper entitled *Omissions, Negligence and Endangering*, and cannot be explored here.[128]

The duty that we propose would also fill gaps in the existing law. First, there would be a duty to inform the authorities even when the crime has already been committed. Second, instead of having alternative duties — either to report or prevent the crime — we favour a requirement that a person do both where the crime is about to be committed. In most cases it would be rash for an ordinary citizen to try to prevent such a serious crime, but if he can do so without undue risk to human safety, he should have to do so. If he cannot safely prevent the crime himself he should take reasonable steps to inform the authorities so that they can prevent it. In this situation the act of informing the authorities would satisfy both duties. Where he does take steps to prevent the crime the authorities still need to know about its intended commission, so he should have to take reasonable steps to inform them as well.

In the result we propose the following offence:

RECOMMENDATION *(Cont.)*

(7) [Failure to inform authorities or prevent wartime treason] Notwithstanding anything else in the *Code*,

(a) where a person knows that an offence of engaging in war or assisting the enemy is about to be committed, it would be an offence for him to fail to take reasonable steps to prevent the commission of the offence when he is capable of doing so without serious risk to himself or another. Taking reasonable steps to inform a peace officer of the offence may be, in the circumstances, sufficient to satisfy the duty to prevent the offence; and

(b) where a person knows that an offence of engaging in war or assisting the enemy is about to be or has been committed, it would be an offence for him to fail to take reasonable steps to inform a peace officer of the offence as soon as practicable.

This proposal effectively eliminates *O.S.A.* section 8 and only creates a duty respecting espionage if it is committed in wartime. Basically it re-enacts *Code* paragraph 50(1)(*b*) but with several differences already noted. As well, the proposal is drafted to be consistent with the reasonable limits on the duty to rescue that are suggested in *Omissions, Negligence and Endangering*.[129]

---

128. Canada, LRC, 1985.

129. *Id.*: 20, where it was recommended:

> 6. That the Special Part provide that everyone commits a crime who fails to take reasonable steps to assist another person whom he sees in instant and overwhelming danger, unless he is incapable of doing so without serious risk to himself or another or there is some other valid reason for not giving assistance.

(e) *Leaking Government Information*

Finally, we come to the question whether the leaking of government information (presently dealt with in section 4 of the *O.S.A.*) should be considered an offence against the State. Again, we find ourselves confronted by forceful arguments on both sides.

In favour of criminalizing such conduct, one can make the following points. First, government today possesses enormous quantities of information about private individuals living in Canada, that, if released, could be extremely detrimental to these people.[130] Surely, civil servants should not be able to exploit their ability to gain access to this information for their own interests, with only the threat of disciplinary action to deter them.[131] Second, government requires a certain level of secrecy in order to function effectively. For example, bargaining positions in federal-provincial negotiations would be jeopardized if civil servants could disclose confidential information with impunity. Another example is that of criminal investigations that require secrecy in order to be effective.[132] When the stakes are high, the disciplinary process is an inadequate means of redress against talkative civil servants.

Arguments against the criminalization of leaking government information are as follows: First, the government does not want to be seen as using strong-arm tactics to protect itself (cover up) and to keep secrets from the public.[133] Second, the public has a right to know whatever it can get its hands on, and a leakage offence would be inconsistent with the policy of freedom of information behind the *Access to Information Act*. Third, the administrative process — disciplinary measures and dismissal, and the civil process — injunctions and suing for damages, are the appropriate remedies for such wrongdoing.[134] Fourth, it is argued that there may be situations in which the well-being of the nation actually depends on the immediate public disclosure of classified information.

---

130. See for example, the conclusions reached by Brown, Billingsley and Shamai, 1980: 177-95.

131. In Canada, Commission of Inquiry ..., 1979: 27-8, the McDonald Commission recommended that mere negligence by a civil servant in handling secret government information not be criminalized but should be left to vigilant administration and disciplinary action. However, intentional, wanton or reckless disregard for the lives or safety of other persons or property should be criminalized. In U.K., Departmental Committee ..., 1972: 75-6, the Franks Report recommended that communicating official information for private gain should be an offence.

132. In Canada, Commission of Inquiry ..., 1979: 24-5, the McDonald Commission recommended that the new leakage offence should prohibit disclosure of government information relevant to the administration of criminal justice that would adversely affect investigation of crime; gathering of criminal intelligence; security in prisons; or which might otherwise help in the commission of crime.

133. For example, consider the uncertainty with which the government has dealt with Richard Price, the civil servant who leaked a cabinet document outlining cuts in federally funded native programmes; and the impression created by the British government's prosecution of Clive Ponting. See P. Cowan, "B.C. Halts Charges against Public Servant," *The Citizen*, 6 September 1985, p. 1; L. Plommer, "U.K. Civil Servant Found Not Guilty of Secrecy Breach," *The Globe and Mail*, 12 February 1985, p. 1.

134. U.K., Departmental Committee ..., 1972: 27-30, 39-40.

Our consultations with government experts in the field of national security have indicated some ambivalence about criminalizing such acts. However, it would seem to be generally agreed that:

(1) it is wrong to leak national security information to anyone, not just foreign States;

(2) some government policies require at least short-term secrecy; and

(3) some information about private individuals that is held by government also requires secrecy.

Therefore we put forward the following proposal for a leakage offence:

RECOMMENDATION *(Cont.)*

(8) [Leakage] It would be an offence:

(a) without having received lawful authorization, intentionally to communicate or make available *classified national security information* **to anyone other than another State or its agent, or**

(b) to obtain, collect or record *classified national security information* **for the purpose of committing the offence in (a);**

(c) without having received lawful authorization, intentionally to communicate or make available *classified personal or government information* **to anyone other than another State or its agent, or**

(d) to obtain, collect or record *classified personal or government information* **for the purpose of committing the offence in (c).**

To be protected, information would have to be classified as:

(1) national security information;

(2) personal interest information, requiring secrecy in the interests of the security, privacy or economic well-being of a person; or

(3) government interest information, requiring secrecy in the interests of the proper functioning or development of a government policy or programme.

This proposal avoids the tortuous detail of section 4 of the *O.S.A.* and yet covers all important matters. It also distinguishes leakage from espionage, treating it as a less serious crime. We distinguish between leakage of classified national security information and other classified information and recommend that the latter be punished less severely than the former because it does not involve such grave dangers to national security.

It must be stressed, however, that such a provision could only work fairly if the government undertook to create a clear and well-defined system of classification of information, and had effective procedures for authorizing disclosure and declassifying information once the need for secrecy had passed.[135] Without these systems, any leakage offence is open to abuse by government and will prove a real threat to open and accessible government.[136] We have suggested three classifications of documents: (1) national security information; (2) personal interest information; and (3) government interest information. We are not in a position to propose the exact definitions for each class but we do suggest that in every case classification should be based on there being real injury to the protected interest if the information were to be publicly disclosed. As with espionage, it should be open to an accused charged with leakage to raise the defence that the information in question should not have been classified.

The general rule proposed then, is that unauthorized disclosure of the listed information is prohibited, regardless of the informant's motive. The offence does not include explicitly any exception for leakage committed with "good intentions." However, a defendant might be able to avail himself in appropriate circumstances of a defence of necessity, as defined in the Law Reform Commission's *Proposal for a New Criminal Code*, or, more probably, of the general rule set out in that Paper, to the effect that there is no liability for a person who has a defence "required by principles of fundamental justice."[137] The case of the well-intentioned informant is one for which the *Proposed Code* wisely preserves the possibility of judicial creativity.

B. Application of the Crimes against the State

Since the crimes against the State are based on reciprocal obligations between the individual and his State, it naturally follows that only persons bound by such obligations can be liable for these offences. For example, a foreign soldier belonging to an invading enemy army, who is captured by Canadian soldiers, should not be tried in Canada for the domestic crime of engaging in war with Canada, because he owes no duty to uphold or protect Canada; and although he is present in Canada, he could hardly be said to be enjoying its protection.[138]

A question also arises as to the applicability of the crimes against the State to foreign diplomats present in Canada. By the terms of the *Vienna Convention on Diplomatic Relations*[139] it would seem that they are immune from the criminal jurisdiction of Canada, as receiving State. This does not mean that the conduct is not criminal

---

135. On p. 48, we have suggested principles to guide in the creation of a new classification scheme. In Canada, Commission of Inquiry ..., 1979: 22-3, the McDonald Commission illustrates how the present leakage offence, section 4 of the *O.S.A.* is susceptible to abuse. Similar problems exist under section 2 of the United Kingdom *Official Secrets Act*. See Williams, 1978: 160-1.

136. U.K., Departmental Committee ..., 1972: 18, 37-9.

137. Canada, LRC, 1985a: clause 12.

138. U.K., Law Commission, 1977: 22; U.S., National Commission ..., 1971: comment, 79.

139. *Vienna Convention on Diplomatic Relations*, 1961, C.T.S. 1966, No. 29, Article 31; and the *Diplomatic and Consular Privileges and Immunities Act*, which gives to much of this *Convention* the force of law in Canada.

when committed by a foreign diplomat. It simply means that unless this immunity is waived, the foreign diplomat cannot be tried in Canada for crimes against Canadian law. Despite the practical inability to prosecute criminally a foreign diplomat for Canadian crimes against the State, diplomatic means, such as declaring a spy to be a *persona non grata* under Article 9 of the *Convention*, are available to control this kind of conduct.

The general rule for applicability of crimes against the State committed in Canada should be as follows:

RECOMMENDATION (*Cont.*)

(9) [General application] Subject to the *Vienna Convention on Diplomatic Relations*, anyone voluntarily present in Canada and benefiting from Canada's protection (whether he is a Canadian citizen, landed immigrant, visitor, and so forth) would be liable for these crimes committed in Canada.

Liability for these crimes committed outside Canada should be based on the same principles of protection and reciprocity. Thus, a Canadian citizen abroad, or any other person who continues to benefit from the protection of Canada while physically absent from this country, should be liable for offences against this State, committed abroad.[140] A *fortiori* these persons should be liable for treasonous acts committed abroad after war or armed hostilities break out because it is then that Canada most needs the allegiance of its peoples.[141]

Therefore, we propose the following general rule respecting the extraterritorial application of the offences against the State.

RECOMMENDATION (*Cont.*)

(10) [Extraterritorial application]

(a) [General] The following persons would be liable for these crimes if committed outside of Canada:

---

140. In U.S., National Commission ..., 1971: s. 1101, the Brown Commission required that an accused be a "National of the United States" in order to be liable for treason. This term was defined as meaning persons domiciled in the United States, unless exempt by treaty or international law, and citizens of the United States.

141. This is also the position in the United States. In *Chandler* v. *United States*, 171 F. 2d 921 (1st Cir. 1948), the Circuit Court of Appeals said at p. 944:

> When war breaks out, a citizen's obligation of allegiance puts definite limits upon his freedom to act on his private judgment. If he trafficks with enemy agents, knowing them to be such, and being aware of their hostile mission intentionally gives them aid in steps essential to the execution of that mission, he has adhered to the enemies of his country, giving them aid and comfort, within our definition of treason.

Also see *R*. v. *Lynch*, [1903] 1 K.B. 444 (U.K.).

(i)   **any Canadian citizen;**

(ii)   **any other person who continues to benefit from the protection of Canada.**

A question may arise as to how the criminal law should deal with persons who give up their Canadian citizenship after war or armed hostilities have broken out. Presently, section 18 of the *Citizenship Act* provides that the Governor in Council may refuse an application to renounce Canadian citizenship when refusal is in the interests of national security. The Governor in Council might find this provision useful in wartime to prevent anyone attempting to cancel his reciprocal duty to protect Canada.

As well, there are hard questions as to how the law should deal with a Canadian citizen who is also a citizen of a State that is at war with Canada, and who commits treason against Canada, while he is physically absent from this country. It may be that he does the act of treason as a member of the armed forces of the enemy State of which he is also a citizen, in which case any refusal by him to do the act might amount to treason under the law of that enemy State. The difficulties of divided loyalty that face these dual citizens are too complex and varied to be resolved by the criminal law. The *Criminal Code* is painted with a broad brush and can only set out broad prohibitions meant for general application. Surely these dilemmas are best settled by including special provisions in the *Citizenship Act* to deal with dual citizenship in wartime, permitting exemptions from Canada's offences against the State in appropriate circumstances.[142]

The nature of the offences of espionage, leakage and assisting the enemy by giving State secrets necessitates special treatment with respect to acts done outside Canada, again based on the principles of protection and reciprocity. Information can be obtained by someone while he is enjoying the protection of Canada, and then disclosed at a time when he no longer enjoys Canada's protection. Should he be able to do this without incurring criminal liability? Clearly, he should not, and the reason is that he is still under a reciprocal obligation to Canada that forbids such unauthorized disclosure.[143] Although he can, as a rule, renounce his citizenship in times of peace, he cannot renounce this obligation. The rule should be as follows:

RECOMMENDATION (*Cont.*)

(b)   **[Extraterritoriality for assisting the enemy, espionage and leakage] In addition to the persons referred to in (a), anyone who was a Canadian citizen or who benefited from the protection of Canada at the time he**

---

142.   Such a provision was found in the *Canadian Citizenship Act* of 1946, in section 17.

143.   In Canada, Commission of Inquiry ..., 1979, the McDonald Commission recommended that the substance of section 13 of the *O.S.A.* be retained. This differs from our proposal only in that we replace the concept of allegiance with that of protection, and extend liability for espionage to situations in which a person who was an alien at the time he obtained the information subsequently comes under Canada's protection and then, while abroad communicates the information to a foreign State.

obtained classified national security information (which information subsequently became the subject of an act of assisting the enemy, espionage or leakage) would be liable for assisting the enemy, espionage or leakage (as the case may be), relating to that information, committed outside Canada.

C. Exclusions from the New Crimes against the State

This, then, is the extent of our proposed mini-code of Crimes against the State. It is readily apparent that some of the ancillary offences found in the present *Code* have been excluded from our new scheme. This is because we have based our proposed offences on principle, limiting them to only serious breaches of fundamental values generally shared by Canadians.

Thus, we found that the broad, undefined seditious offences are partly insupportable and partly unnecessary. First, sedition is in part unnecessary because counselling or inciting treason, violent overthrow of the government, or breaches of public order is already criminalized under the *Code*'s General Part rules on secondary and inchoate liability (ss. 21, 22, 24, 421-424); and advocating hatred is specifically prohibited in the *Code* by the offence of hate propaganda (ss. 281.1, 281.2). By repealing sedition we are not condoning incitement of offences against the State or hate propaganda; we are simply being more explicit about the types of conduct that should be condemned by the criminal law.

Second, the offence of sedition is in part insupportable because it interferes with constitutionally protected democratic rights and freedom of expression. The Charter, by enshrining these rights, indicates that it would be unacceptable for government to use the criminal law to suppress political opinions, however unpopular they may be. Of course, freedom of expression is not unbounded. As we have seen it does not go so far as to protect hate propaganda or incitement of crime. But the history of sedition in Canada shows that the offence has been used to impose unjustified limitations on the expression of controversial opinions and to control conflict between the ruling class and dissenting subjects.[144] We have rejected this history as a model for our proposed offences against the State. Rather, we would limit such offences to those that can be based on the minimum level of consensus necessary in any society. Clearly, in a constitutional democracy, that consensus would permit some limitations on free expression, as outlined above, but would not extend to criminalizing the expression of dissenting political views. For both reasons of unconstitutionality and redundancy, then, the present seditious offences should be repealed.[145]

---

144. McNaught, 1974; Lederman, 1976-77; MacKinnon, 1977; Reedie, 1978.

145. In U.K., Law Commission, 1977: 46-8, the Law Commission also concluded that there was no need for a separate offence of sedition.

There are quite a number of other offences that we would reject as not being serious enough to warrant treatment as crimes against the State, or even as criminal offences at all. On this basis we would exclude the following offences from the *Criminal Code*. Paragraph 50(1)(*a*) (assisting an alien enemy to leave Canada) should be repealed, so that such conduct would only be criminal if it could be characterized as assisting the enemy. Section 57, which deals with offences in relation to the R.C.M.P. also has no place in the *Code*. Indeed such conduct would probably not even warrant treatment as a regulatory offence under the *Royal Canadian Mounted Police Act*. Similarly the offences relating to members of the Canadian Armed Forces (ss. 53, 54, 63) should be removed from the *Code*, to be dealt with under the *National Defence Act*. Finally, we would exclude the notion of being near a "prohibited place" from our proposed espionage offence because it is more in the nature of a regulatory trespass offence than a true crime against the State. Besides, it would seem that the two espionage offences we have proposed, plus the rules on secondary liability and attempt, are adequate to catch anyone trying to pass secrets to a foreign State.

There are other crimes found in the present offences against the State which, although deserving of criminalization, would none the less be out of place in the new mini-code of Crimes against the State. We have already seen that offences in relation to the Queen's person are better dealt with as aggravated offences in the *Code* chapter on offences against the person. Second, unlawful drilling may result in serious breaches of public order but does not present an immediate threat to national security. For that reason we would leave it to be dealt with in the separate but related *Code* chapter on public order offences. Third are the two offences relating to interfering with foreign armed forces lawfully present in Canada (ss. 52(1)(*b*), 63). Such acts, especially sabotage of property of friendly foreign forces, may cause Canada serious international embarassment, but cannot fairly be characterized as an offence against the State of Canada. Therefore we would exclude them from our mini-code and instead, consider including them in a special *Code* chapter on international offences.

Fourth, and finally, the special provisions respecting attempts and conspiracies found in *Code* section 46 would be excluded from our new scheme because all forms of inchoate and secondary liability for crime would be adequately dealt with through the new General Part provisions on furthering crime.[146] In addition the proposal, contained in the Working Paper on *Secondary Liability*,[147] to define "attempt" as substantially furthering the commission of a crime, would seem to eliminate the need for the variety of "attempt" formulations currently found in *Code* section 46.

RECOMMENDATIONS

2. That the following sections of the *Criminal Code* and the *O.S.A.* be replaced by the new chapter of Crimes against the State, located in the Special Part of the *Criminal Code*:

---

146. Canada, LRC, 1985a.
147. Canada, LRC, 1985b.

Code ss. **46** and **47** (**high treason and treason**), **50** (**assisting an alien enemy to leave Canada or failing to prevent treason**), **51** (**intimidating Parliament**), and **52** (**sabotage**);

O.S.A. ss. **3** (**spying**), **4** (**wrongful communication or use of information**), and **13** (**extraterritorial application**).

3.   That the following sections of the *Criminal Code* be removed from the chapter dealing with Crimes against the State and dealt with elsewhere in the *Code*:

ss. **46(1)(a)** and **49** (**killing or harming the Queen**) [the offences of homicide and assault would be aggravated if the person killed or assaulted was the sovereign]; **[Alternative]** s. **52** (**sabotage**) [the offences of vandalism and arson would be aggravated if the conduct jeopardizes the safety, security or defence of Canada]; s. **71** (**unlawful drilling**) [to be dealt with as an offence against Public Order]; ss. **52(1)(*b*)** (**sabotage in relation to foreign forces lawfully present in Canada**) **and 63** (**with respect to interference with foreign forces lawfully present in Canada**) [to be considered for inclusion in a chapter of the *Code* covering international offences].

4.   That the following sections of the *Criminal Code* and the *O.S.A.* be repealed:

Code ss. **48** (**time limitations for treason**), **57** (**offences relating to the R.C.M.P.**) [to be dealt with, if at all, in the *Royal Canadian Mounted Police Act*]; ss. **60, 61 and 62** (**seditious offences**), **53** (**inciting mutiny**), **54** (**assisting a deserter**), **63** (**interfering with discipline in military forces**) [we recommend that the *National Defence Act* should be reviewed to determine whether there is a need for the various treason-like offences it presently contains and whether there is a need to prohibit conduct such as inciting mutiny, assisting a deserter or interfering with discipline when it is committed by a civilian. We have not as yet fully consulted with the Department of National Defence but we plan to do so before finalizing our views on crimes against the State];

O.S.A. s. **8** (**harbouring spies**).

5.   That the *Code*'s General Part rules on secondary liability apply to the crimes against the State.

CHAPTER SIX

Summary of Recommendations

1. That the Special Part of the *Criminal Code* contain a new mini-code of Crimes against the State, providing as follows:

Primary Crimes against the State: Treason

(1) [Engaging in war] It would be an offence intentionally to engage in war or armed hostilities against Canada.

(2) [Assisting the enemy] It would be an offence intentionally to assist anyone engaged in war or armed hostilities against Canada.

(3) [Using force or violence to overthrow the government] It would be an offence to use force or violence for the purpose of overthrowing the constitutional government of Canada or a province.

(4) [Espionage] It would be an offence:

(a) without having received lawful authorization, intentionally to communicate or make available *classified national security information* to another State or its agent, other than a State engaged in war or armed hostilities against Canada, or

(b) to obtain, collect or record *classified national security information* for the purpose of committing the offence in (a).

NOTE: *"Classified national security information"* means any information that has been classified according to the *classification scheme* as being a matter with respect to which secrecy is required in the interests of the safety, security or defence of the nation, and which has not been declassified according to the appropriate *declassification procedure*.

Secondary Crimes against the State

(5) [Intimidating organs of State] It would be an offence to use force or violence for the purpose of extorting or preventing a decision or measure of a federal or provincial legislative, executive or judicial organ of State.

(6)   [Sabotage] It would be an offence intentionally to jeopardize the safety, security or defence of Canada by:

(a)   damaging, destroying or disposing of property, or

(b)   rendering property useless or inoperative, or impairing its efficiency.

(7)   [Failure to inform authorities or prevent wartime treason] Notwithstanding anything else in the *Code*,

(a)   where a person knows that an offence of engaging in war or assisting the enemy is about to be committed, it would be an offence for him to fail to take reasonable steps to prevent the commission of the offence when he is capable of doing so without serious risk to himself or another. Taking reasonable steps to inform a peace officer of the offence may be, in the circumstances, sufficient to satisfy the duty to prevent the offence; and

(b)   where a person knows that an offence of engaging in war or assisting the enemy is about to be or has been committed, it would be an offence for him to fail to take reasonable steps to inform a peace officer of the offence as soon as practicable.

(8)   [Leakage] It would be an offence:

(a)   without having received lawful authorization, intentionally to communicate or make available *classified national security information* to anyone other than another State or its agent, or

(b)   to obtain, collect or record *classified national security information* for the purpose of committing the offence in (a);

(c)   without having received lawful authorization, intentionally to communicate or make available *classified personal or government information* to anyone other than another State or its agent, or

(d)   to obtain, collect or record *classified personal or government information* for the purpose of committing the offence in (c).

NOTE: "*Classified personal or government information*" means any information that has been classified according to the *classification scheme* as being a matter with respect to which secrecy is required in the interest of (i) the security and privacy of any person, or (ii) the proper functioning of a government programme, and which has not been declassified according to the appropriate *declassification procedure*.

Application

(9)   [General application] Subject to the *Vienna Convention on Diplomatic Relations*, anyone voluntarily present in Canada and benefiting from Canada's protection (whether he is a Canadian citizen, landed immigrant, visitor, and so forth) would be liable for these crimes committed in Canada.

(10) **[Extraterritorial application]**

    (a) **[General]** The following persons would be liable for these crimes if committed outside of Canada:

        (i) any Canadian citizen;

        (ii) any other person who continues to benefit from the protection of Canada.

    (b) **[Extraterritoriality for assisting the enemy, espionage and leakage]** In addition to the persons referred to in (a), anyone who was a Canadian citizen or who benefited from the protection of Canada at the time he obtained classified national security information (which information subsequently became the subject of an act of assisting the enemy, espionage or leakage) would be liable for assisting the enemy, espionage or leakage (as the case may be), relating to that information, committed outside Canada.

Other Recommendations

2.   That the following sections of the *Criminal Code* and the *O.S.A.* be replaced by the new chapter of Crimes against the State, located in the Special Part of the *Criminal Code*:

Code ss. **46 and 47 (high treason and treason), 50 (assisting an alien enemy to leave Canada or failing to prevent treason), 51 (intimidating Parliament), and 52 (sabotage)**;

O.S.A. ss. **3 (spying), 4 (wrongful communication or use of information), and 13 (extraterritorial application)**.

3.   That the following sections of the *Criminal Code* be removed from the chapter dealing with Crimes against the State and dealt with elsewhere in the *Code*:

ss. **46(1)(a) and 49 (killing or harming the Queen)** [the offences of homicide and assault would be aggravated if the person killed or assaulted was the sovereign]; **[Alternative] s. 52 (sabotage)** [the offences of vandalism and arson would be aggravated if the conduct jeopardizes the safety, security or defence of Canada]; **s. 71 (unlawful drilling)** [to be dealt with as an offence against Public Order]; ss. **52(1)(*b*) (sabotage in relation to foreign forces lawfully present in Canada) and 63 (with respect to interference with foreign forces lawfully present in Canada)** [to be considered for inclusion in a chapter of the *Code* covering international offences].

4. **That the following sections of the *Criminal Code* and the *O.S.A.* be repealed:**

Code ss. **48 (time limitations for treason), 57 (offences relating to the R.C.M.P.)** [to be dealt with, if at all, in the *Royal Canadian Mounted Police Act*]; ss. **60, 61 and 62 (seditious offences), 53 (inciting mutiny), 54 (assisting a deserter), 63 (interfering with discipline in military forces)** [we recommend that the *National Defence Act* should be reviewed to determine whether there is a need for the various treason-like offences it presently contains and whether there is a need to prohibit conduct such as inciting mutiny, assisting a deserter or interfering with discipline when it is committed by a civilian. We have not as yet fully consulted with the Department of National Defence but we plan to do so before finalizing our views on crimes against the State];

O.S.A. s. **8 (harbouring spies).**

5. **That the *Code*'s General Part rules on secondary liability apply to the crimes against the State.**

Bibliography

Aberle *et al*. (1950) «The Functional Prerequisites of a Society» 60 *Ethics* 100.

Aitken, J. (1971) *Officially Secret*. London: Weidenfeld & Nicolson.

Bellamy, J.G. (1970) *The Law of Treason in England in the Later Middle Ages*. Cambridge: Cambridge University Press.

Brown, M., B. Billingsley and R. Shamai (1980) *Privacy and Personal Data Protection* (Ontario Commission on Freedom of Information and Individual Privacy Research Publication 15). Toronto: Queen's Printer.

Buchheit, L.C. (1978) *Secession: The Legitimacy of Self-determination*. New Haven, Conn.: Yale University Press.

Bundu, A.C. (1978) «Recognition of Revolutionary Authorities: Law and Practice of States» 27 *Int'l & Comp. L.Q.* 18.

Bunyan, T. (1976) *The Political Police in Britain*. New York: St. Martin's.

Canada, Commission of Inquiry concerning Certain Activities of the Royal Canadian Mounted Police (1979) Mr. Justice D.C. McDonald, Chairman. *Security and Information* (First Report). Ottawa: Supply and Services.

Canada, Commission of Inquiry concerning Certain Activities of the Royal Canadian Mounted Police (1981) *Freedom and Security Under the Law* (Second Report — Volume I). Ottawa: Supply and Services.

Canada, Commission of Inquiry into Complaints Made by George Victor Spencer (1966) *Report of the Commissioner*. Ottawa: Supply and Services.

Canada, Department of Justice (1983) *A Consolidation of the Constitution Acts 1867 to 1982*. Ottawa: Supply and Services.

Canada, Law Reform Commission (1975) *Limits of Criminal Law* [Working Paper 10]. Ottawa: Supply and Services.

Canada, Law Reform Commission (1976) *Our Criminal Law* [Report 3]. Ottawa: Supply and Services.

Canada, Law Reform Commission (1984) *Damage to Property: Arson* [Working Paper 36]. Ottawa: Supply and Services.

Canada, Law Reform Commission (1984a) *Damage to Property: Vandalism* [Working Paper 31]. Ottawa: Supply and Services.

Canada, Law Reform Commission (1985) *Negligence, Omissions and Endangering* [Working Paper 46]. Ottawa: LRC.

Canada, Law Reform Commission (1985a) *Proposal for a New Criminal Code* (Internal LRC Paper).

Canada, Law Reform Commission (1985b) *Secondary Liability: Participation in Crime and Inchoate Offences* [Working Paper 45]. Ottawa: LRC.

Chambliss, W.J. (ed.) (1975) *Criminal Law in Action*. New York: Wiley.

de Smith, S.A. (1966) «Southern Rhodesia Act 1965» 29 *Modern L.Rev.* 301.

De Zulueta, F. (1923) «The Science of Law» in C. Bailey (ed.) *The Legacy of Rome*. Oxford: Oxford University Press.

Edwards, P. (ed.) (1972) *The Encyclopaedia of Philosophy*. London: Collier-Macmillan.

Encyclopaedia Britannica (1980) 15th ed. Chicago: Encyclopaedia Britannica Inc.

Fletcher, G.P. (1978) *Rethinking Criminal Law*. Boston: Little, Brown and Co.

Friedland, M.L. (1979) *National Security: The Legal Dimensions* (Study for the Commission of Inquiry concerning Certain Activities of the Royal Canadian Mounted Police). Ottawa: Supply and Services.

Friedland, M.L. (1984) *Offences against the Security of the State* (Unpublished LRC Paper).

Greenaway, W.K. and S.L. Brickey (1978) *Law and Social Control in Canada*. Scarborough, Ont.: Prentice-Hall.

Hale, M. (1736) *Historia Placitorum Coronae: The History of the Pleas of the Crown*. Reprinted London: Professional Books, 1980.

Halsbury's Laws of England (1976) 4th ed. Vol. 11. London: Butterworths.

Hart, H.L.A. (1955) «Are There Any Natural Rights?» 64 *Philosophical Rev.* 175.

Hart, H.L.A. (1961) *The Concept of Law*. Oxford: Clarendon Press.

Hepple, B.A. (1966) «Rhodesian Crisis — Criminal Liabilities» [1966] *Crim. L.Rev.* 5.

Holdsworth, W. (1925) *A History of English Law*. London: Sweet and Maxwell.

Jenkins, I. (1980) *Social Order and the Limits of Law: A Theoretical Essay*. Princeton, N.J.: Princeton University Press.

Laskin, B. (1975) *Canadian Constitutional Law*. 4th ed. Toronto: Carswell.

Lederman, P.R. (1976-77) «Sedition in Winnipeg: An Examination of the Trials for Seditious Conspiracy Arising from the General Strike of 1919» 8 *Queen's L.J.* 3.

Leigh, L.H. (1977) «Law Reform and the Law of Treason and Sedition» [1977] *Public Law* 128.

MacKinnon, P. (1977) «Conspiracy and Sedition As Canadian Political Crimes» 23 *McGill L.J.* 622.

Manning, M. (1983) *Rights, Freedoms and the Courts: A Practical Analysis of the* Constitution Act, 1982. Toronto: Emond-Montgomery.

McNaught, K. (1974) «Political Trials and the Canadian Political Tradition» 24 *U. Toronto L.J.* 149.

Meehan, E. (1984) *The Law of Criminal Attempt — A Treatise*. Toronto: Carswell.

Mewett, A.W. and M. Manning (1985) *Criminal Law*. 2d ed. Toronto: Butterworths.

Pollock, F. and F. Maitland (1895) *The History of English Law before the Time of Edward I*. Vol. 2. Cambridge: Cambridge University Press.

Reedie, P. (1978) «The Crimes of Treason and Sedition in Canada» 11 *Laurentian U. Rev.* 17.

Rich, R.M. (1979) *The Sociology of Criminal Law: Evolution of Deviance in Anglo-American Society*. Toronto: Butterworths.

Sills, D.L. (ed.) (1972) *International Encyclopaedia of the Social Sciences*. London: Collier-Macmillan.

Simon, W.G. (1961) «The Evolution of Treason» 35 *Tulane L. Rev.* 669.

Smith, J.C. (1976) *Legal Obligation*. Toronto: University of Toronto Press.

South African Law Commission (1976) *Report on the Codification of the Common Law Relating to the Crimes against the State*. Pretoria: The Government Printer.

Steinhaus, R.Z. (1956) «Treason, A Brief History with Some Modern Applications» 22 *Brooklyn L.Rev.* 254.

Stephen, J.F. (1877) *A Digest of the Criminal Law (Crimes and Punishments)*. London: MacMillan.

Stephen, J.F. (1883) *A History of the Criminal Law of England*. Vol. 2. Reprinted New York: Burt, 1964.

Turner, J.W.C. (ed.) (1964) *Russell on Crime*. 12th ed. London: Stevens.

U.K., Departmental Committee on Section 2 of the *Official Secrets Act 1911* (1972) Vol. 1: *Report of the Committee*. Cmnd. 5140. London: HMSO.

U.K., English Law Commissioners (1879) *English Draft Code* (Report of the Royal Commission appointed to consider the Law Relating to Indictable Offences with an appendix containing a Draft Code embodying the Suggestions of the Commissioners). London: HMSO.

U.K., Law Commission (1977) *Codification of the Criminal Law: Treason, Sedition and Allied Offences* [Working Paper 72]. London: HMSO.

U.S., National Commission on Reform of Federal Criminal Laws (1970) *Working Papers*. Vol. 1. Washington: U.S. Government Printing Office.

U.S., National Commission on Reform of Federal Criminal Laws (1971) *A Proposed New Federal Criminal Code (Title 18, United States Code)* (Final Report). Washington: U.S. Government Printing Office.

Vitu, A. (1973) «Crimes et délits contre la sûreté de l'état» *J.C.P.* Fasc. II.

Wasserstrom, R.A. (1968) «The Obligation to Obey the Law» in R.S. Summers (ed.) *Essays in Legal Philosophy*. Oxford: Basil Blackwell.

Williams, D.G.T. (1965) *Not in the Public Interest: The Problem of Security in Democracy*. London: Hutchinson.

Williams, D.G.T. (1978) «Official Secrecy and the Courts» in P.R. Glazebrook (ed.) *Reshaping the Criminal Law*. London: Stevens.

Williams, G. (1948) «The Correlation of Allegiance and Protection» 10 *Cambridge L.J.* 54.

Table of Statutes

Canada

An Act respecting Treason and other Offences against the Queen's authority, 1886, 49 Vict., c. 146.

An Act to amend the Criminal Code, S.C. 1930, c. 11.

An Act to amend the Criminal Code, S.C. 1936, c. 29.

Access to Information Act, S.C. 1980-81-82, c. 111.

Canadian Charter of Rights and Freedoms, Schedule B of the *Constitution Act, 1982* as enacted by the *Canada Act 1982* (U.K.), 1982, c. 11.

Canadian Citizenship Act, S.C. 1946, c. 15.

Canadian Security Intelligence Service Act, S.C. 1984, c. 21.

Citizenship Act, S.C. 1974-75-76, c. 108.

Criminal Code, R.S.C. 1970, c. C-34, as amended.

Criminal Law Amendment Act (No. 2), 1976, S.C. 1974-75-76, c. 105.

Diplomatic and Consular Privileges and Immunities Act, S.C. 1976-77, c. 31.

Narcotic Control Act, R.S.C. 1970, c. N-1.

National Defence Act, R.S.C. 1970, c. N-4, as amended.

Official Secrets Act, R.S.C. 1970, c. O-3, as amended.

Royal Canadian Mounted Police Act, R.S.C. 1970, c. R-9.

The Criminal Code, 1892, 55-56 Vict., . 29.

The Official Secrets Act, 1890, S.C. 1890, c. 10.

The Official Secrets Act, S.C. 1939, c. 49.

United Kingdom

An Act for providing for the further Security and Protection of Her Majesty's Person, 1842-3, 5 & 6 Vict., c. 51.

An Act for the better Prevention and Punishment of Attempts to seduce Persons serving in His Majesty's Forces, by Sea or Land, from their Duty and Allegiance to His Majesty, or to incite them to Mutiny, 1797, 37 Geo. 3, c. 70.

An Act for the Safety and Preservation of his Majesty's Person and Government against treasonable and seditious Practices and Attempts, 1795, 36 Geo. 3, c. 7.

An Act for the Support of His Majesty's Household and, of the Honour and Dignity of the Crown of the United Kingdom of Great Britain and Ireland, 1820, 1 Geo. 4, c. 1.

An Act to make perpetual certain Parts of an Act of the Thirty-sixth Year of His present Majesty for the Safety and Preservation of His Majesty's Person and Government against Treasonable and Seditious Practices and Attempts, and for the Safety and Preservation of the Person of His Royal Highness the Prince Regent against Treasonable Practices and Attempts, 1817, 57 Geo. 3, c. 6.

Fox's Libel Act, 1792, 32 Geo. 3, c. 60.

Official Secrets Act, 1889, 52 & 53 Vict., c. 52.
Official Secrets Act, 1911, 1 & 2 Geo. 5, c. 28.
Official Secrets Act, 1920, 10 & 11 Geo. 5, c. 75.
Scandalum Magnatum, 1275, 3 Edw. 1, c. 34.
Statute of Treasons, 1351, 25 Edw. 3.
The Constitution Act, 1867, 30 & 31 Vict., c. 3.
Treason Felony Act, 1848, 11 & 12 Vict., c. 12.

Table of Cases

Canada

Boucher v. *The King*, [1951] S.C.R. 265.
Boyer v. *The King* (1948), 94 C.C.C. 195 (Qué. C.A.).
Chalmers v. *The King*, [1933] S.C.R. 197.
Lacasse v. *The King* (1938), 72 C.C.C. 168 (Qué. C.A.).
Lampel v. *Berger* (1917), 38 D.L.R. 47 (Ont. S.C.).
Operation Dismantle Inc. v. *Canada* (1985), 59 N.R. 1 (S.C.C.).
R. v. *Bainbridge* (1917), 28 C.C.C. 444 (Ont. S.C.).
R. v. *Barron* (1918), 30 C.C.C. 326 (Sask. C.A.).
R. v. *Benning*, [1947] 3 D.L.R. 908 (Ont. C.A.).
R. v. *Biernacki* (1962), 37 C.R. 226 (Qué. C.S.P.).
R. v. *Bleiler* (1917), 11 W.W.R. 1459 (Alta. C.A.).
R. v. *Carroll* (1983), 4 C.C.C. (3d) 131 (P.E.I. C.A.).
R. v. *Cline* (1956), 115 C.C.C. 18, 24 C.R. 58 (Ont. C.A.).
R. v. *Cohen* (1916), 25 C.C.C. 302 (Alta. C.A.).
R. v. *Fehr* (1916), 26 C.C.C. 245 (N.S. S.C.).
R. v. *Felton* (1915), 25 C.C.C. 207 (Alta. C.A.).
R. v. *Giesinger* (1916), 32 D.L.R. 325 (Sask. S.C.).
R. v. *Harris*, [1947] 4 D.L.R. 796 (Ont. C.A.).
R. v. *Lebedoff (No. 2)*, [1950] 2 W.W.R. 899 (B.C. C.A.).
R. v. *Oakes* (1983), 2 C.C.C. (3d) 339 (Ont. C.A.), appeal to S.C.C. dismissed February 28, 1986.
R. v. *Russell* (1920), 51 D.L.R. 1 (Man. C.A.).
R. v. *Smith*, [1947] 3 D.L.R. 798 (Ont. C.A.).
R. v. *Snyder* (1915), 24 C.C.C. 101 (Ont. C.A.).
R. v. *Toronto Sun Publishing Limited* (1979), 24 O.R. (2d) 621 (Ont. Prov. Ct.).
R. v. *Trainor* (1916), 33 D.L.R. 658 (Alta. C.A.).
R. v. *Treu* (1979), 49 C.C.C. (2d) 222 (Qué. C.A.).
Reference re Alberta Statutes, [1938] S.C.R. 100.
Re Jolivet and R. (1983), 7 C.C.C. (3d) 431 (B.C. S.C.).
Re Regina and Morrison (1984), 47 O.R. (2d) 185 (Ont. H.C.), appeal dismissed October 17, 1984.
Re Schaefer (1918), 31 C.C.C. 22 (Qué. C.A.).
Rose v. *The King* (1946), 88 C.C.C. 114 (Qué. C.A.).
Saumur v. *City of Quebec*, [1953] 2 S.C.R. 299.
Switzman v. *Elbling and Attorney-General of Quebec* (1957), 7 D.L.R. (2d) 337 (S.C.C.).

United Kingdom

Chandler and Othes v. *Director of Pubic Prosecutions*, [1962] 3 All E.R. 142 (H.L.).
De Jager v. *Attorney-General of Natal*, [1907] A.C. 326 (J.C.P.C.).

71

De Libellis Famosis (1606), 5 Co. Rep. 125a; 77 E.R. 250 (Star Chamber).

Joyce v. *Director of Public Prosecutions*, [1946] A.C. 347 (H.L.).

R. v. *Casement*, [1917] 1 K.B. 98 (C.A.).

R. v. *Higgins* (1801), 2 East 5, 102 E.R. 269.

R. v. *Lynch*, [1903] 1 K.B. 444.

R. v. *Maclane* (1797), 26 Howell's State Trials 721.

R. v. *Scofield* (1784), Cald. Mag. Rep. 397.

R. v. *Henry and John Sheares*, 27 State Trials 255.

The Case of Duels (1615), 2 State Trials 1033.

The Case of Tutchin (1704), 14 State Trials 1095.

United States

Chandler v. *United States*, 171 F. 2d 921 (1st Cir. 1948).

Connor v. *Birmingham*, 257 A.L.A. 588 (1952).

New York Times Company v. *United States; United States* v. *The Washington Post Company*, 403 U.S. 713 (1971) (U.S. S.C.).

Scull v. *Virginia ex rel. Committee on Law Reform and Racial Activities*, 359 U.S. 344 (1959).

United States v. *Chandler*, 72, F. Supp. 230 (1947) (D.C. Mass.).

Winters v. *New York*, 333 U.S. 507 (1948).

Yates v. *U.S.*, 354 U.S. 298 (1957) (U.S. S.C.).

Rapports et documents de travail
de la Commission de réforme du droit du Canada

Rapports au Parlement

1. *La preuve* (19 déc. 1975)
2. *Principes directeurs — Sentences et mesures non sentencielles dans le processus pénal** (6 fév. 1976)
3. *Notre droit pénal* (25 mars 1976)
4. *L'expropriation** (8 avril 1976)
5. *Le désordre mental dans le processus pénal** (13 avril 1976)
6. *Le droit de la famille** (4 mai 1976)
7. *L'observance du dimanche** (19 mai 1976)
8. *La saisie des rémunérations versées par la Couronne du chef du Canada** (19 déc. 1977)
9. *Procédure pénale — Première partie : amendements divers** (23 fév. 1978)
10. *Les infractions sexuelles** (29 nov. 1978)
11. *Le chèque** (8 mars 1979)
12. *Le vol et la fraude** (16 mars 1979)
13. *Les commissions consultatives et les commissions d'enquête* (18 avril 1980)
14. *Le contrôle judiciaire et la Cour fédérale** (25 avril 1980)
15. *Les critères de détermination de la mort** (8 avril 1981)
16. *Le jury* (28 juill. 1982)
17. *L'outrage au tribunal** (18 août 1982)
18. *L'obtention de motifs avant la formation d'un recours judiciaire — Commission d'appel de l'immigration* (16 déc. 1982)
19. *Le mandat de main-forte et le télémandat* (22 juill. 1983)
20. *Euthanasie, aide au suicide et interruption de traitement** (11 oct. 1983)
21. *Les méthodes d'investigation scientifiques : l'alcool, la drogue et la conduite des véhicules** (10 nov. 1983)
22. *La communication de la preuve par la poursuite* (15 juin 1984)
23. *L'interrogatoire des suspects* (19 nov. 1984)
24. *Les fouilles, les perquisitions et les saisies* (22 mars 1985)
25. *Les techniques d'investigation policière et les droits de la personne* (12 juin 1985)
26. *Les organismes administratifs autonomes* (23 oct. 1985)
27. *La façon de disposer des choses saisies* (1986)

Documents de travail

1. *Le tribunal de la famille** (1974)
2. *La notion de blâme — La responsabilité stricte** (1974)
3. *Les principes de la détermination de la peine et du prononcé de la sentence** (1974)
4. *La communication de la preuve** (1974)
5. *Le dédommagement et l'indemnisation** (1974)

6. *L'amende** (1974)
7. *La déjudiciarisation** (1975)
8. *Les biens des époux** (1975)
9. *Expropriation** (1975)
10. *Les confins du droit pénal : leur détermination à partir de l'obscénité** (1975)
11. *Emprisonnement — Libération** (1975)
12. *Les divorcés et leur soutien** (1975)
13. *Le divorce** (1975)
14. *Processus pénal et désordre mental** (1975)
15. *Les poursuites pénales : responsabilité politique ou judiciaire** (1975)
16. *Responsabilité pénale et conduite collective** (1976)
17. *Les commissions d'enquête — Une nouvelle loi** (1977)
18. *La Cour fédérale — Contrôle judiciaire** (1977)
19. *Le vol et la fraude — Les infractions* (1977)
20. *L'outrage au tribunal — Infractions contre l'administration de la justice** (1977)
21. *Les paiements par virement de crédit* (1978)
22. *Infractions sexuelles** (1978)
23. *Les critères de détermination de la mort** (1979)
24. *La stérilisation et les personnes souffrant de handicaps mentaux* (1979)
25. *Les organismes administratifs autonomes** (1980)
26. *Le traitement médical et le droit criminel* (1980)
27. *Le jury en droit pénal** (1980)
28. *Euthanasie, aide au suicide et interruption de traitement** (1982)
29. *Partie générale : responsabilité et moyens de défense* (1982)
30. *Les pouvoirs de la police : les fouilles, les perquisitions et les saisies en droit pénal** (1983)
31. *Les dommages aux biens — Le vandalisme* (1984)
32. *L'interrogatoire des suspects* (1984)
33. *L'homicide* (1984)
34. *Les méthodes d'investigation scientifiques* (1984)
35. *Le libelle diffamatoire* (1984)
36. *Les dommages aux biens — Le crime d'incendie* (1984)
37. *La juridiction extra-territoriale* (1984)
38. *Les voies de fait* (1985)
39. *Les procédures postérieures à la saisie* (1985)
40. *Le statut juridique de l'Administration fédérale* (1985)
41. *L'arrestation* (1985)
42. *La bigamie* (1985)
43. *Les techniques de modification du comportement et le droit pénal* (1985)
44. *Les crimes contre l'environnement* (1985)
45. *La responsabilité secondaire* (1985)
46. *L'omission, la négligence et la mise en danger* (1985)
47. *La surveillance électronique* (1986)
48. *L'intrusion criminelle* (1986)

La Commission a également publié au-delà de soixante-dix documents d'étude portant sur divers aspects du droit. Pour obtenir le catalogue des publications, écrire à : Commission de réforme du droit du Canada, 130 rue Albert, Ottawa (Ontario) K1A 0L6, ou Bureau 310, Place du Canada, Montréal (Québec) H3B 2N2.

---

* Ces documents sont épuisés mais ils peuvent être consultés dans de nombreuses bibliothèques.

LES CRIMES
CONTRE L'ÉTAT

Commission de réforme
du droit du Canada

Document de travail 49

LES CRIMES
CONTRE L'ÉTAT

1986

Avis

Ce document de travail présente l'opinion de la Commission à l'heure actuelle. Son opinion définitive sera exprimée dans le rapport qu'elle présentera au ministre de la Justice et au Parlement, après avoir pris connaissance des commentaires faits dans l'intervalle par le public.

Par conséquent, la Commission serait heureuse de recevoir tout commentaire à l'adresse suivante :

Secrétaire
Commission de réforme du droit du Canada
130, rue Albert
Ottawa, Canada
K1A 0L6

La Commission

M. le juge Allen M. Linden, président
Me Gilles Létourneau, vice-président
Me Louise Lemelin, c.r., commissaire
Me Joseph Maingot, c.r., commissaire
Me John Frecker, commissaire

Secrétaire par intérim

Harold J. Levy, LL.B., LL.M.

Coordonnateur de la section de recherche sur les règles de fond du droit pénal

François Handfield, B.A., LL.L.

Conseiller spécial

Patrick Fitzgerald, M.A. (Oxon.)

Conseiller principal

Oonagh Fitzgerald, B.F.A., LL.B.

Conseiller

Martin L. Friedland, c.r., B.Com., LL.B., Ph.D.

Table des matières

Tel qui trahit se perd, et
les autres avec lui.

La chanson de Roland.

CHAPITRE UN

Introduction

Après avoir terminé l'étude des infractions contre la personne et des infractions contre les biens, nous abordons maintenant le troisième groupe important de crimes, celui des délits contre la société et l'État. Il s'agit d'actes menaçant la paix et l'ordre de la société ainsi que la sûreté de l'État et de ses institutions fondamentales.

Dans ce document de travail, nous traiterons seulement des délits les plus graves de cette troisième catégorie, à savoir ceux qui menacent la sûreté de l'État lui-même et de ses institutions. Nous examinerons donc les infractions suivantes : (1) la trahison, l'acte de violence en vue d'intimider le Parlement, la sédition et le sabotage, qui tous, figurent dans la partie II du *Code criminel*; et (2) l'espionnage et la communication illicite de renseignements, actuellement visés par la *Loi sur les secrets officiels*. Les délits contre la *société*, tels les émeutes, les attroupements illégaux, etc., qui en général menacent l'ordre et la paix, feront l'objet d'une étude connexe.

Rarement commis, et encore plus rarement imputés formellement, les crimes contre l'État figurent néanmoins au nombre des infractions les plus graves du *Code criminel*. De telles conduites, en effet, mettent en péril la sûreté et le bien-être de tout le pays et de ses habitants.

CHAPITRE DEUX

Historique

Au Canada, les crimes actuels contre l'État se trouvent soit dans le *Code criminel*, soit dans la *Loi sur les secrets officiels*. Les délits frappés par cette dernière loi sont issus des *Official Secrets Acts* britanniques de 1920, 1911 et 1889. Ceux qui sont regroupés dans le *Code* ont plus d'une source : d'une part, des textes législatifs, tel le *Code criminel* canadien de 1892 (et ses modifications), l'*Acte concernant la trahison et autres crimes contre l'autorité de la Reine*[1] de 1886, et avant cette époque, le *Statute of Treasons* de 1351, et d'autre part, le common law anglais, le droit féodal, le droit romain et l'ancien droit germanique.

Nous pouvons diviser de façon approximative les deux mille ans d'histoire des infractions contre l'État en trois périodes : (1) la période ancienne qui se termine à l'adoption du *Statute of Treasons*, (2) la période de transition qui suit l'adoption de cette loi et précède la législation canadienne sur la trahison de 1886, et (3) la période moderne au Canada qui commence avec la promulgation de l'*Acte concernant la trahison et autres crimes contre l'autorité de la Reine* et du premier *Code criminel* et qui dure jusqu'à nos jours.

I. La période ancienne

L'ancien droit germanique reconnaît seulement deux types de trahison. Le premier consiste à trahir sa tribu en aidant ses ennemis ou en faisant preuve de lâcheté pendant la bataille. L'autre est la trahison de son seigneur[2].

En revanche, les règles du droit romain concernant la trahison, ou *crimen laesae majestatis*, qui sont imposées par Rome aux nations germaniques vaincues, sont plus complexes et compréhensives[3]. À partir d'Auguste (63 av. J.-C. — 14 apr. J.-C.), l'empereur incarne l'ensemble des droits souverains de l'État romain et le *crimen laesae majestatis* protège à la fois la personne et l'autorité de l'empereur. Ce concept devient très extensif. Il comprend des infractions graves telles que la prise d'armes contre l'État,

---

1. Il s'agit d'une refonte de la législation antérieure en matière de trahison.
2. Pollock et Maitland, 1895, p. 501.
3. Vitu, 1973, par. 8.

l'affranchissement de provinces ou de villes, la sédition ou l'insurrection, le complot contre la vie de l'empereur ou de ses principaux officiers, et des délits de moindre importance tels que la destruction des statues de l'empereur ou l'insulte à sa mémoire[4].

Après la chute de Rome, la notion de *crimen laesae majestatis* disparaît pendant un certain temps en Occident[5]. La trahison devient plutôt centrée sur les obligations issues du régime féodal. Le droit romain oublié, les anciens concepts germaniques de la trahison qui consistait à aider les ennemis de sa tribu et à trahir son seigneur sont redécouverts et assimilés aux pires manquements du pacte féodal du vassal[6]. Les mots «trahison» et «sédition» sont employés indifféremment pour qualifier ce type de conduite et, à cette époque, de simples paroles peuvent faire condamner leur auteur[7].

Dans le régime féodal, la trahison peut être commise à l'égard d'un seigneur, qu'il soit ou non véritablement roi[8]. Le roi de l'époque médiévale n'est pas un souverain absolu, c'est plutôt un seigneur féodal. À ce titre, il est lié, pour ainsi dire, par un pacte à ses vassaux qui ont le droit de se rebeller si le seigneur refuse obstinément de leur rendre justice[9]. Ce droit tranche avec le droit romain en vertu duquel une telle rébellion aurait manifestement constitué un *crimen laesae majestatis*.

Au onzième siècle, le droit romain est réintroduit en Europe occidentale[10]. Cette redécouverte coïncide avec l'affermissement du pouvoir dans les mains de monarques absolus ou presque absolus. Ces rois adoptent volontiers le concept romain du *crimen laesae majestatis* comme modèle pour les infractions contre l'État[11]. En France, on voit apparaître le crime de lèse-majesté, notion très large qui subsistera jusqu'à la Révolution française[12]. En Angleterre, la trahison est centrée sur la seule personne du roi (c'est-à-dire non pas sur les seigneurs de moindre importance). À la fin, elle comprend non seulement les actes dirigés contre lui mais aussi le fait de tenter d'accomplir de tels actes ou de comploter à cette fin[13]. À cette époque, il n'y a pas encore de règles générales relatives à la tentative ou à la conspiration et, en vérité, ces infractions inchoatives sont issues des premières règles de droit en matière de trahison qui frappaient ceux qui conspiraient la mort du roi. Le fait de tuer le roi était considéré si grave que

---

4. *Ibid.*

5. *Id.*, par. 9.

6. *Ibid.*; Pollock et Maitland, 1895, p. 502.

7. Hale, 1736, p. 77 et 111-119; South African Law Commission, 1976, p. 6. Le mot «sédition» vient du latin *seditio*, qui signifie «soulèvement»; voir le *Grand Dictionnaire encyclopédique Larousse* (1985), tome IX, p. 9453.

8. Pollock et Maitland, 1895, p. 501-502. C'est de là que la «petite trahison» tire son origine.

9. *Id.*, p. 503-505.

10. De Zulueta, 1923, p. 173.

11. Vitu, 1973, par. 10.

12. *Ibid.*

13. Pollock et Maitland, 1895, p. 501 et 502.

même l'intention ou la tentative en vue de l'assassiner constituait elle-même une trahison[14]. Plus tard, les principes généraux de responsabilité inchoative seront appliqués à pratiquement toutes les infractions[15].

Le *Statute of Treasons* de 1351, première codification britannique des règles de droit en matière de trahison, témoigne des diverses influences qui ont affecté l'élaboration de ce crime[16]. L'influence des règles du droit germanique, féodal et romain se fait sentir de façon manifeste dans les deux infractions principales, à savoir comploter la mort du roi et rallier ses ennemis. L'incrimination du fait de tuer les juges du roi tout comme celle de faire la guerre contre le roi rappelle l'une des formes du *crimen laesae majestatis*. Cette dernière forme de trahison marque également la fin du régime féodal et du roi féodal parce qu'elle abolit le droit du vassal de faire la guerre contre un seigneur inéquitable. La trahison ne peut plus, par conséquent, être considérée simplement comme un manquement au pacte féodal[17], mais, comme au temps d'Auguste, elle devient un crime contre la personne et l'autorité du souverain qui personnifie l'État.

Sanctionné pendant le règne d'Edouard III, à l'apogée de son pouvoir et de son assurance, en vue de limiter le champ d'application de la trahison, le *Statute of Treasons* est succinct et clément[18]. Il comporte trois infractions principales : (1) conspirer la mort du roi (ou de sa femme ou de son héritier), (2) faire la guerre contre le roi dans son royaume, et (3) adhérer aux ennemis du roi dans son royaume ou ailleurs. Le *Statute* contient également diverses incriminations accessoires pour appuyer les trois délits principaux, tel le fait de violer la compagne ou la fille aînée du roi ou la femme de son fils aîné; de contrefaire le sceau ou la monnaie du roi; d'assassiner le chancelier, le trésorier ou les juges du roi. Cependant, il ne vise pas les actes de violence moins importants dirigés contre le roi, ni les troubles violents que l'on ne peut assimiler à la guerre[19].

---

14. Hale, 1736, p. 107-108.

15. Pour une description de l'évolution du droit en matière de responsabilité secondaire, voir Canada, CRDC, 1985b.

16. Dans son préambule, le *Statute of Treasons* énonçait qu'en raison des diverses opinions émises jusqu'à ce jour quant à ce qui constitue une trahison, le Roi, à la demande des lords et des Communes, avait tranché la question. Ainsi, il y avait haute trahison dans les cas suivants : lorsqu'un homme projette ou envisage la mort du Roi ou de la Reine, sa femme, ou de leur fils aîné et héritier; en cas de viol de la compagne du Roi ou de la fille aînée et non mariée du Roi, ou de la femme du fils aîné du Roi et héritier de la Couronne; si l'on fait la guerre au Roi dans le royaume de celui-ci; si un homme donne son adhésion aux ennemis du Roi dans son royaume en leur prêtant secours ou en venant à leur aide de quelque manière; si l'on contrefait le grand sceau royal ou le sceau privé du Roi; si l'on contrefait la monnaie du Roi ou si l'on importe dans le royaume de fausses pièces imitant la monnaie d'Angleterre pour faire le commerce ou les paiements dans le royaume, sachant la fausseté de ces pièces; si l'on tue le chancelier ou le trésorier ou l'un des juges du Banc du roi ou des Plaids Communs, un juge itinérant ou un juge d'assise ou tout autre juge délégué pour entendre les causes et les juger, si le crime a lieu lorsqu'ils siègent et exercent leurs fonctions. Le statut ajoute que dans tous les cas susmentionnés, qui constituent une trahison contre le Roi et sa souveraineté, toutes les terres du coupable sont confisquées au profit du Roi. Voir Glasson, 1882, p. 443.

17. Pollock et Maitland, 1895, p. 503-505.

18. Stephen, 1883, p. 250; Bellamy, 1970, p. 1-101; Friedland, 1979, p. 9-11.

19. *Ibid.*

II. La période de transition

Au cours des siècles qui suivent, pendant les périodes de crise, les monarques anglais édictent des lois plus répressives et circonstanciées afin d'étoffer le schématique *Statute of Treasons*[20]. Toutefois, ces mesures temporaires s'apparentent plus aux ordres d'un commandant militaire en temps de guerre qu'à des réformes cohérentes des règles de droit en matière de trahison[21].

De plus, la portée du Statut de 1351 est étendue par l'interprétation très libérale qu'en donnent les tribunaux. Ceux-ci décident que le crime de conspiration de la mort du roi peut être commis dans des cas où le roi n'est pas en danger physique réel[22] et qu'il comprend le fait de comploter pour déposer le roi[23], de conspirer avec un prince étranger pour faire la guerre dans le royaume et, de façon générale, d'avoir l'intention de faire n'importe quel acte pouvant exposer le roi à un danger ou risquer de le déposséder de tout pouvoir accessoire à ses fonctions[24]. L'expression «faire la guerre contre le roi» vise toute démonstration de violence dans un but politique[25], de l'émeute à la révolution.

Au cours de cette période de transition, une distinction est établie entre la sédition et la trahison. Bien qu'il existe déjà en 1275 une loi incriminant la diffamation des personnages publics (*Scandalum Magnatum*)[26], c'est véritablement l'invention de l'imprimerie qui pousse l'État à vouloir contrôler la critique, ce qui a éventuellement abouti à l'élaboration des règles de droit en matière de sédition[27]. La Chambre étoilée voit très vite le pouvoir politique de l'imprimé et cherche jalousement à connaître de toutes les questions relatives à la publication. À cette fin, on affirme que les mots en eux-mêmes ne peuvent constituer une trahison devant être jugée par un juge et un jury devant les tribunaux ordinaires mais que la Chambre étoilée elle-même devrait en être saisie[28]. Aussi, l'affaire *Libellis Famosis*[29] de 1606 dans laquelle la Chambre étoilée a jugé que le fait de diffamer l'évêque décédé de Canterbury constituait une infraction, est à l'origine de l'actuel crime de sédition. Plus tard, avec l'abolition de la Chambre étoilée par le Long Parlement en 1641, il appartiendra aux tribunaux ordinaires d'étoffer cette infraction[30], ce qu'ils ne manquèrent pas de faire, jugeant en 1704 que le fait de diffamer le gouvernement était un crime[31].

---

20. *Ibid.*
21. Stephen, 1883, p. 255-262; Hale, 1736, p. 108-129.
22. *R.* v. *Maclane*, (1797) 26 Howell's State Trials 721.
23. *R.* v. *Henry and John Sheares*, 27 State Trials 255.
24. Stephen, 1883, p. 276-277.
25. *Id.*, p. 266-269; voir également Law Commission (R.-U.), 1977, p. 8 et s.; Leigh, 1977, p. 131.
26. Holdsworth, 1925, vol. 3, p. 409.
27. Stephen, 1883, p. 302.
28. *Ibid.*; voir également Holdsworth, 1925, vol. 8, p. 336.
29. 5 Co. Rep. 125a; 77 E.R. 250 (Chambre étoilée).
30. Holdsworth, 1925, vol. 8, p. 336-346.
31. Voir l'affaire *Tutchin*, (1704) 14 State Trials 1095; Stephen, 1883, p. 300-301.

Vers la fin du dix-huitième siècle, des modifications permanentes sont également apportées aux infractions contre l'État. Le *Fox's Libel Act*[32], première loi portant sur la sédition, est promulgué en 1792. Une loi votée en 1795[33] consacre l'interprétation judiciaire donnée aux mots [TRADUCTION] «conspire ou imagine» qui figurent dans le *Statute of Treasons* sans réformer le texte de 1351. Cette loi range également au nombre des actes de trahison le fait de faire la guerre contre le roi en vue de le forcer à revenir sur des mesures prises ou à répudier des conseillers, le fait d'intimider le Parlement ou d'inciter tout étranger à envahir le royaume. Enfin en 1797, en réponse à une mutinerie à Nore, une loi[34] crée la félonie d'incitation à la mutinerie des soldats ou des marins.

Cette vague législative déferle sur le dix-neuvième siècle et s'accentue chaque année. En 1820, la première loi interdisant les exercices militaires illégaux est édictée (*An Act for the Support of His Majesty's Household*), et la première législation prohibant explicitement certaines insultes de moindre importance envers le souverain, tel le fait de décharger une arme à feu en sa présence, est promulguée en 1842-43 (*An Act for Providing for the further Security and Protection of Her Majesty's Person*). Pendant les révolutions de 1848 en Europe, le *Treason Felony Act* est adopté à titre préventif. Ce texte législatif en abrogeait deux autres (36 Geo. 3, chap. 7 et 57 Geo. 3, chap. 6) sauf en ce qui concerne le fait de conspirer contre la personne du souverain ou d'avoir l'intention de le blesser. Il prévoit aussi que les autres conduites visées par ces deux lois doivent être traitées comme des félonies plutôt que comme des actes de trahison.

En 1879, les commissaires anglais chargés de la réforme du droit proposent, dans la partie V de leur *Draft Code*[35], de refondre les nombreuses lois et de codifier les innombrables règles de common law relatives aux crimes contre l'État, en apportant quelques améliorations de fond mineures au droit. Leurs propositions devaient avoir une influence déterminante sur le fond et la forme des infractions contre l'État prévues par le premier *Code criminel* du Canada.

Les commissaires suggèrent que le fait de tuer le souverain et celui de conspirer en vue de faire la guerre contre lui soient considérés comme des faits de trahison en eux-mêmes, plutôt que comme des actes manifestes prouvant la conspiration de la mort du souverain, laquelle constituait un fait de trahison en vertu de la loi de 1351[36]. De même, ils suppriment les anciens crimes de haute trahison que constituait le fait de tuer le Lord Chancelier ou un juge de la Cour supérieure ou le fait de violer la fille aînée du roi[37]. Cependant, ils conservent en substance les dispositions du *Treason*

---

32. Cette loi était destinée à éliminer les doutes quant au rôle du jury en matière de diffamation.

33. 36 Geo. III, chap. 7, reconduite en 1817 par 57 Geo. III, chap. 6.

34. 37 Geo. III, chap. 70, rendue permanente en 1817 par 57 Geo. III, chap. 7.

35. Royal Commission appointed to consider the Law Relating to Indictable Offences, 1879.

36. *Id.*, p. 19 du rapport.

37. *Ibid.*

Felony Act de 1848 (art. 79) et celle de la loi de 1842-43 relative aux insultes à la personne du souverain (art. 80), et, avec une certaine appréhension, maintiennent la règle exigeant deux témoins pour prouver une trahison[38].

La haute trahison, définie dans dix paragraphes à l'article 75, consistait à tuer, blesser ou détenir Sa Majesté, conspirer ou révéler par un acte manifeste l'intention de le faire, tuer le fils aîné de la reine ou l'épouse du roi, ou révéler par un acte manifeste l'intention de le faire; violer l'épouse du roi ou celle de l'héritier présomptif du trône; faire la guerre ou conspirer de faire la guerre contre Sa Majesté; fomenter une invasion étrangère; ou aider un ennemi en guerre contre Sa Majesté. Les accusations de haute trahison (art. 76) doivent être portées dans les trois ans sauf si la reine avait été blessée, la prescription ne jouant pas dans ce cas (*ibid.*).

La partie V du *Draft Code* anglais contient également des actes criminels accessoires à la haute trahison, et notamment, la complicité après le fait de trahison (art. 78), le défaut d'empêcher la trahison (*ibid.*), l'incitation à la mutinerie (art. 82), les exercices militaires illégaux (art. 92 et 93) et la sédition (art. 102 à 104).

III. La période moderne au Canada

Par l'*Acte concernant la trahison et autres crimes contre l'autorité de la Reine* de 1886, le législateur refond les lois canadiennes antérieures sur la trahison et fait la synthèse des extensions données par les tribunaux et les textes législatifs au *Statute of Treasons* de 1351, sans toutefois chercher à annuler ce dernier (art. 9). L'Acte de 1886 devait aussi apporter des solutions à un problème canadien particulier, celui des rébellions et des soulèvements appuyés ou provoqués par des étrangers et des non-résidents.

L'*Acte concernant la trahison et autres crimes contre l'autorité de la Reine* incrimine deux types de conduites constitutives de trahison, toutes deux sanctionnées par la peine de mort. La première consiste à comploter de tuer la reine ou de lui infliger des lésions corporelles ou de la priver de liberté ou à exprimer une telle intention par écrit ou par un acte manifeste (art. 1). La seconde est le fait, pour tout membre de l'armée de Sa Majesté, de se mettre en communication ou en relation avec un rebelle ou un ennemi de Sa Majesté ou de le conseiller (art. 2). En outre, le législateur qualifie de félonie le fait de projeter de déposer la reine, de prendre les armes contre Sa Majesté dans toute partie du Royaume-Uni ou du Canada pour la contraindre à changer ses mesures ou pour intimider le Parlement, ou d'inciter un étranger à envahir le Royaume-Uni ou tout autre dominion (art. 3). Est incriminée au même titre la conspiration en vue d'intimider l'assemblée législative d'une province (art. 4). L'article 5 de l'Acte fixe à six jours le délai dans lequel la dénonciation doit être déposée et à dix jours supplémentaires celui dans lequel le mandat doit être délivré lorsque l'intention de commettre les actes énumérés à l'article 3 a été exprimée par «des paroles proférées publiquement et délibérément.» Les articles 7 et 8 de l'Acte prévoient que les citoyens

---

38. *Ibid.*

de pays étrangers en paix avec Sa Majesté ainsi que les sujets de Sa Majesté qui, de concert, entrent au Canada dans l'intention de faire la guerre contre le Canada, seront traduits en cour martiale et passibles de la peine de mort.

En 1890, le législateur canadien adopte sa première loi portant sur les secrets officiels, l'*Acte de 1890 concernant le secret officiel*. Elle reprend presque mot pour mot le *Official Secrets Act* anglais de 1889[39] qui s'appliquait aussi au Canada. Cette législation vise les personnes qui dévoilent des renseignements gouvernementaux secrets. L'*Acte de 1890 concernant le secret officiel*, à l'instar de son pendant anglais, vise l'obtention ou la communication non autorisée d'informations et l'abus de confiance (art. 1 et 2 des deux lois). Cependant, la conduite réprimée la plus grave consiste à communiquer à un État étranger des renseignements ne devant pas être dévoilés parce que leur divulgation est nuisible aux intérêts de l'État[40].

Deux ans plus tard, les dispositions de l'*Acte de 1890 concernant le secret officiel* sont insérées dans le premier *Code criminel* du Canada (art. 77 et 78). Les autres infractions contre l'État qui figuraient dans le *Code* de 1892 provenaient de deux principaux textes législatifs : l'*Acte concernant la trahison et autres crimes contre l'autorité de la Reine* de 1886 et le *Draft Code* anglais de 1879, ces deux textes étant bien sûr inspirés du *Statute of Treasons* de 1351. Ainsi, les dispositions du *Code* canadien de 1892 relatives à la trahison (art. 65 et 66), aux crimes entachés de trahison (art. 69), à la complicité après le fait de trahison (al. 67*a*)), à l'omission de prévenir la trahison (al. 67*b*)), aux voies de fait sur la personne du souverain (art. 71) et à l'incitation des militaires à la mutinerie (art. 72) sont toutes tirées du *Draft Code*. Les dispositions relatives à la sédition et contenues dans ce même document, exception faite de la définition de l'intention séditieuse, ont également été reprises par les rédacteurs du *Code* canadien (art. 123 et 124). Quant aux articles du *Code* de 1892 sur les rébellions et les invasions menées par des étrangers ou des sujets canadiens (art. 68) et sur les conspirations pour intimider les assemblées législatives provinciales (art. 70), ils sont inspirés de l'*Acte concernant la trahison et autres crimes contre l'autorité de la Reine* de 1886.

En Angleterre à l'approche de la Première Guerre mondiale, les dispositions relatives à l'espionnage du *Official Secrets Act* de 1889 sont jugées insuffisantes pour réprimer les actes flagrants d'espionnage des agents allemands[41]. En 1911, le Parlement britannique adopte un nouveau *Official Secrets Act* qui crée un certain nombre de présomptions jouant en faveur de la Couronne lorsqu'il est question d'aide à un État étranger (par. 1(2)). La nouvelle loi incrimine le fait d'obtenir ou de communiquer tout renseignement pouvant être utile à l'ennemi (art. 1). Cette infraction est assortie d'une peine minimale de trois ans. Le nouveau texte législatif précise qu'il s'applique aux dominions également. En effet, il figure dans la liste des lois impériales applicables au Canada dans les Statuts du Canada de 1912.

---

39. Pour une étude du contexte entourant cette loi, voir Aitken, 1971, et Williams, 1965.
40. Par. 1(3) et al. 2(2)*a*) de la loi canadienne, et par. 1(3) et al. 2*a*) de la loi britannique.
41. Williams, 1978, p. 159-160; Williams, 1965, p. 23-24; Bunyan, 1976, p. 7-8.

Dans l'agitation qui entoure la grève générale de Winnipeg en 1919, des dispositions sont insérées dans le *Code* pour incriminer les associations illégales[42] et des modifications sont apportées aux infractions séditieuses pour que la peine passe de deux à vingt ans d'emprisonnement et supprimer l'article qui soustrayait certaines activités légales de la définition de la sédition[43]. Le législateur fait marche arrière en 1930 (*Loi modifiant le Code criminel*), époque à laquelle la peine de deux ans et la définition des actes non constitutifs de sédition sont rétablies dans le *Code*.

Les dispositions relatives aux associations illégales sont abrogées en 1936 (*Loi modifiant le Code criminel*, art. 1). En même temps, une définition partielle de l'intention séditieuse est ajoutée au *Code*, laquelle prévoit que quiconque enseigne ou conseille, ou publie ou met en circulation un écrit dans lequel il est conseillé l'emploi de la force, sans autorisation légale, comme moyen d'accomplir un changement gouvernemental au Canada, est présumé avoir une intention séditieuse[44].

Le gouvernement britannique a apporté d'autres modifications à l'*Official Secrets Act* en 1920, mais elles ne s'appliquent pas au Canada. En 1939, le Parlement canadien vote une nouvelle *Loi sur les secrets officiels* pour refondre les lois anglaises de 1911 et de 1920 et les mettre en application au Canada. L'article 15 de la nouvelle Loi abroge les dispositions du *Code* portant sur la communication de renseignements officiels[45] et sur les abus de confiance commis par les fonctionnaires[46] de même qu'il supprime le *Official Secrets Act* anglais de 1911 dans la mesure où ses dispositions font partie intégrante des lois du Canada. Aucune autre modification de fond n'a été apportée à la Loi de 1939 et, dans les faits, les deux principales infractions, à savoir l'espionnage (art. 3) et la communication et l'usage illicites de renseignements de même que la rétention d'un document officiel (art. 4) ainsi que les infractions connexes de supposition de personnes et de falsification (art. 5), d'entrave du personnel de sécurité qui fait la patrouille à un endroit prohibé (art. 6) et d'hébergement d'espions (art. 8) figurent toujours dans le *Code*. Cependant, la peine maximale d'emprisonnement pour les infractions visées par la *Loi sur les secrets officiels* passe de sept ans en 1939 à quatorze ans en 1950[47] pendant la guerre froide.

Certaines modifications importantes sont apportées en 1951 aux infractions contre l'État dans le *Code*, soit une année après que le Canada eut commencé son action de maintien de l'ordre en Corée. Le crime de trahison est modifié afin d'inclure l'aide apportée à des forces armées contre lesquelles les Forces canadiennes sont engagées dans des hostilités, qu'il existe ou non un état de guerre entre le Canada et le pays dont elles constituent les forces[48]. Une nouvelle infraction de sabotage est ajoutée au

---

42. S.C. 1919, chap. 46, art. 1, introduisant les articles 97A et 97B du *Code*. Voir aussi McNaught, 1974; Lederman, 1976-77; MacKinnon, 1977.

43. S.C. 1919, chap. 46, art. 4 abrogeant l'art. 133.

44. *Loi modifiant le Code criminel*, art. 4 ajoutant le par. 133(4).

45. S.R.C. 1927, chap. 36, art. 85.

46. S.R.C. 1927, chap. 36, art. 86.

47. S.C. 1950, chap. 46, art. 3.

48. S.C. 1951, chap. 47, art. 3 modifiant l'art. 74.

Code. Les éléments constitutifs en sont les suivants : (1) l'accusé commet un «acte prohibé» (défini en substance comme tout acte ou omission qui diminue l'efficacité ou gêne le fonctionnement d'un bien) (2) dans un but préjudiciable à la sécurité ou aux intérêts du Canada ou à la sécurité des forces armées de tout État étranger légitimement présentes au Canada[49]. Des changements sont également apportés à l'infraction de sédition. En premier lieu, la peine est portée à sept années d'emprisonnement[50] et, en deuxième lieu, une nouvelle infraction est créée pour frapper ceux qui entravent le travail ou diminuent la fidélité des membres des forces canadiennes ou de la Gendarmerie royale du Canada ou des forces armées d'un État étranger légalement présentes au Canada, ou leur conseillent l'insubordination ou la révolte[51]. De même, l'article 82 visant l'aide apportée aux déserteurs des forces canadiennes et aux absents sans permission, est modifié afin de réduire la peine et afin de le rendre applicable seulement en temps de paix[52]. En outre, l'article 84 n'est désormais applicable qu'aux seuls membres de la Gendarmerie royale du Canada qui désertent[53].

En 1953, une révision générale visant la *forme* des infractions contre l'État contenues dans le *Code* et quelques modifications de fond mineures sont effectuées[54]. Les aspects les plus anachroniques des règles de droit relatives à la trahison, tel le fait de violer avec ou sans son consentement l'épouse du roi ou la femme de l'héritier présomptif, sont supprimés. Les articles 74 et 75 (définition de la trahison), l'article 77 (faire la guerre) et l'article 78 (infractions constitutives de trahison) sont remplacés par un seul article (article 46) qui limite la trahison aux seuls actes suivants : tuer, blesser ou détenir Sa Majesté; faire la guerre contre le Canada; aider un ennemi en guerre contre le Canada ou des forces armées contre lesquelles les Forces canadiennes sont engagées dans des hostilités; recourir à la force pour renverser le gouvernement; et communiquer à un agent étranger des renseignements susceptibles de servir à des fins préjudiciables à la sécurité ou à la défense du Canada. L'article 46 range également parmi les actes de trahison le fait de conspirer ou de former le dessein d'accomplir les autres actes de trahison énumérés dans l'article. Il ne fait pas de doute que l'inclusion de l'espionnage dans les faits de trahison est due au procès Gouzenko et aux préoccupations générales exprimées pendant la guerre froide sur la divulgation de renseignements militaires de la plus haute importance aux agents des pays communistes. Cependant, par cette modification, le législateur s'est contenté de reprendre à peu près une infraction visée par la *Loi sur les secrets officiels*.

Les peines sanctionnant la trahison, qui sont prévues à l'article 47, sont les suivantes : la peine de mort si l'auteur de la trahison tue ou blesse Sa Majesté, fait la guerre contre le Canada ou aide un ennemi; la peine de mort ou l'emprisonnement à perpétuité s'il est coupable d'avoir employé la force pour renverser le gouvernement, a commis un

---

49.   S.C. 1951, chap. 47, art. 18 introduisant l'art. 509A.

50.   S.C. 1951, chap. 47, art. 9 modifiant l'art. 134.

51.   S.C. 1951, chap. 47, art. 8 introduisant l'art. 132A.

52.   S.C. 1951, chap. 47, art. 4.

53.   S.C. 1951, chap. 47, art. 6.

54.   S.C. 1953-54, chap. 51.

acte d'espionnage en temps de guerre ou s'il est inculpé d'avoir conspiré ou d'avoir formé certains desseins; et une peine de quatorze ans de prison pour avoir espionné en temps de paix.

Les crimes connexes contre l'État sont également modifiés en 1953. L'infraction qui consiste à alarmer Sa Majesté est reformulée en des termes plus généraux et la peine est portée à quatorze années d'emprisonnement bien que le pouvoir d'ordonner le fouet soit abrogé (art. 49). L'aide à un sujet d'un État ennemi en vue de quitter le Canada sans le consentement de la Couronne, infraction qui a été introduite pendant la Première Guerre mondiale, est élargie pour viser aussi l'incitation ou l'aide accordée à un sujet d'un État en guerre contre le Canada pour quitter le pays (al. 50(1)a)). La disposition spéciale qui prévoyait la complicité après le fait de trahison est supprimée et cette éventualité est dorénavant envisagée à l'article 23 qui définit l'infraction générale. Cependant, le fait de ne pas informer les autorités à propos d'un acte de trahison ou de ne pas en prévenir l'exécution constitue toujours une infraction précise (al. 50(1)b)). Les infractions relatives à l'intimidation des assemblées législatives sont refondues de manière que l'intimidation du Parlement ou d'une assemblée législative provinciale soit traitée de façon similaire, sans qu'il soit question de conspiration (art. 51). Les dispositions relatives au sabotage sont remplacées par l'article 52 qui substitue à l'expression «sécurité ou intérêt du Canada» l'expression «sûreté ou à la défense du Canada», afin de les harmoniser avec le nouvel alinéa 46(1)e) qui réprime l'espionnage. En outre, des exceptions sont ajoutées pour préciser qu'une activité syndicale légale ne sera pas considérée comme un acte de sabotage (par. 52(3) et (4). Le crime d'incitation ou d'aide à un déserteur des forces canadiennes est modifié de manière à n'inculper que les personnes qui aident et cachent les déserteurs (art. 54) et l'infraction qui consistait à entraver la discipline d'un membre d'une force est modifiée afin d'exclure la Gendarmerie royale du Canada (art. 63).

Après les modifications effectuées en 1953-1954, peu de changements sont apportés aux infractions contre l'État prévues par le *Code* ou même à la *Loi sur les secrets officiels*. Des corrections stylistiques mineures sont apportées à cette dernière à l'occasion de la révision des lois de 1970, et en 1973, un article portant sur l'écoute clandestine est ajouté[55], mais pour l'essentiel, la loi d'aujourd'hui est la même que la *Loi sur les secrets officiels* de 1939. La seule modification apportée aux infractions contenues dans le *Code criminel* depuis les changements de 1953 résulte de l'abolition de la peine capitale en 1975[56]. Désormais, le *Code* établit une distinction entre la haute trahison (acte autrefois puni à titre de crime capital) maintenant sanctionnée par une peine minimum d'emprisonnement à perpétuité[57] et la trahison (acte autrefois puni par une peine qui allait de quatorze ans d'emprisonnement jusqu'à la peine de mort) actuellement sanctionnée par l'emprisonnement à perpétuité[58], sauf pour l'espionnage en temps de paix qui est toujours frappé d'une peine maximale de quatorze années d'emprisonnement (al. 47(2)c)).

---

55. S.C. 1973-74, chap. 50, art. 6, abrogé depuis par S.C. 1983-84, chap. 21, art. 88 (*Loi sur le Service canadien du renseignement de sécurité*).

56. S.C. 1974-75-76, chap. 105, art. 2.

57. L'infraction est définie au par. 46(1), et la peine est édictée au par. 47(1).

58. L'infraction est définie au par. 46(2), et la peine est édictée au par. 47(2).

CHAPITRE TROIS

Le droit actuel

Aujourd'hui, les crimes contre l'État sont définis par deux textes législatifs : les infractions les plus traditionnelles figurent dans la partie II du *Code criminel* et la plupart des infractions plus nouvelles liées à l'espionnage se trouvent dans la *Loi sur les secrets officiels*. Ces deux séries d'infractions forment des minicodes regroupant des règles de fond et de procédure relatives aux crimes contre l'État. Bien que leurs effets soient indépendants, ces minicodes sont structurés de la même façon. En premier lieu, chacun d'eux est axé sur une infraction de base, plus grave : la trahison dans la partie II du *Code* et l'espionnage dans la *Loi sur les secrets officiels*. Chacun prévoit des infractions connexes pour appuyer et mettre en application l'incrimination principale. Enfin, des règles spéciales de procédure et de preuve s'appliquent à la poursuite de ces infractions.

I. Le *Code criminel*

A. La haute trahison et la trahison

L'article 46 du *Code* énonce les principaux crimes contre l'État. Le paragraphe (1), qui porte sur la haute trahison, est en réalité une version moderne des trois principales infractions prévues par le *Statute of Treasons* de 1351 :

> **46.** (1) **[Haute trahison]** Commet une haute trahison quiconque, au Canada,
>
> *a)* tue ou tente de tuer Sa Majesté, ou lui cause quelque lésion corporelle tendant à la mort ou destruction, ou l'estropie ou la blesse, ou l'emprisonne ou la détient;
>
> *b)* fait la guerre contre le Canada ou accomplit un acte préparatoire à une telle guerre;
>
> *c)* aide un ennemi en guerre contre le Canada, ou des forces armées contre lesquelles les Forces canadiennes sont engagées dans des hostilités, qu'un état de guerre existe ou non entre le Canada et le pays auquel ces autres forces appartiennent.

Le paragraphe 46(2) parle de trahison et regroupe les dispositions les plus récentes en la matière, de même que des règles particulières sur la conspiration et les intentions, lesquelles ont été inspirées par la notion originale de la conspiration et ne visent que les crimes énumérés à l'article 46 :

(2) **[Trahison]** Commet une trahison quiconque, au Canada,

a) recourt à la force ou à la violence en vue de renverser le gouvernement du Canada ou d'une province;

b) sans autorisation légitime, communique à un agent d'un État autre que le Canada, ou met à la disposition d'un tel agent, des renseignements d'ordre militaire ou scientifique ou quelque croquis, plan, modèle, article, note ou document de nature militaire ou scientifique alors qu'il sait ou devrait savoir que ledit État peut s'en servir à des fins préjudiciables à la sécurité ou à la défense du Canada;

c) conspire avec qui que ce soit pour commettre une haute trahison ou accomplir une chose mentionnée à l'alinéa a);

d) forme le dessein d'accomplir une haute trahison ou une des choses mentionnées à l'alinéa a) et révèle ce dessein par un acte manifeste; ou

e) conspire avec qui que ce soit pour accomplir une chose mentionnée à l'alinéa b) ou forme le dessein d'accomplir une chose mentionnée à l'alinéa b) et révèle ce dessein par un acte manifeste.

Le paragraphe 46(3) étend le domaine d'application de la loi lorsque les infractions de trahison sont commises à l'étranger par une personne qui doit allégeance au Canada :

(3) **[Citoyen canadien]** Nonobstant le paragraphe (1) ou (2), un citoyen canadien ou un individu qui doit allégeance à Sa Majesté du chef du Canada et qui, se trouvant à l'intérieur ou hors du Canada, accomplit une chose mentionnée

a) au paragraphe (1) commet une haute trahison;

b) au paragraphe (2) commet une trahison.

Le paragraphe 46(4) apporte certaines précisions sur l'expression «acte manifeste» :

(4) **[Acte manifeste]** Lorsqu'une conspiration avec quelque personne constitue une trahison, le fait de conspirer est un acte manifeste de trahison.

L'article 47 du *Code* fixe les peines pour la trahison et la haute trahison et exige que la preuve soit corroborée.

47. (1) **[Peine applicable à la haute trahison]** Quiconque commet une haute trahison est coupable d'un acte criminel et doit être condamné à l'emprisonnement à perpétuité.

(2) **[Peine applicable à la trahison]** Quiconque commet une trahison est coupable d'un acte criminel et peut être condamné, en cas d'infraction

a) aux alinéas 46(2)a), c) ou d), à l'emprisonnement à perpétuité;

b) aux alinéas 46(2)b) ou e), à l'emprisonnement à perpétuité s'il existe un état de guerre entre le Canada et un autre pays;

c) aux alinéas 46(2)b) ou e), à un emprisonnement de quatorze ans en l'absence d'un tel état de guerre.

(3) **[Corroboration]** Nul ne doit être déclaré coupable de haute trahison sur la déposition d'un seul témoin, à moins que ce témoignage ne soit corroboré, sous quelque rapport essentiel, par une preuve qui implique l'accusé.

(4) **[Peine minimum]** Pour l'application de la Partie XX, l'emprisonnement à perpétuité prescrit par le paragraphe (1) est une peine minimum.

L'article 48 fixe la prescription à l'égard de certains actes de trahison :

48. (1) **[Prescription]** Nulle procédure à l'égard d'un crime de trahison défini à l'alinéa 46(2)*a*) ne doit être intentée plus de trois ans après le moment où, d'après l'allégation, le crime a été commis.

(2) **[Dénonciation de paroles de trahison]** Nulle procédure ne doit être intentée, sous le régime de l'article 47, à l'égard d'un acte manifeste de trahison exprimé ou déclaré au moyen de propos publics et réfléchis, à moins

a) qu'une dénonciation énonçant l'acte manifeste et les mots par lesquels il a été exprimé ou déclaré ne soit faite sous serment devant un juge de paix dans les six jours à compter du moment où les mots ont été prononcés, d'après l'allégation, et

b) qu'un mandat pour l'arrestation de l'accusé ne soit émis dans les dix jours après que la dénonciation a été faite.

B. Infractions accessoires aux crimes contre l'État prévues au *Code criminel*

Les autres infractions contre l'État contenues dans le *Code* appuient véritablement le principal crime de trahison. Ainsi, l'article 49 incrimine les actes destinés à alarmer Sa Majesté ou à lui causer des lésions corporelles.

49. **[Actes destinés à alarmer Sa Majesté ou à violer la paix publique]** Est coupable d'un acte criminel et passible d'un emprisonnement de quatorze ans, quiconque, volontairement, en présence de Sa Majesté,

a) accomplit un acte dans l'intention d'alarmer Sa Majesté ou de violer la paix publique; ou

b) accomplit un acte destiné ou de nature à causer des lésions corporelles à Sa Majesté.

L'article 50 définit deux crimes secondaires. En premier lieu, le fait d'aider un ressortissant ennemi à quitter le Canada sans le consentement de la Couronne et en second lieu, le fait de ne pas empêcher la commission d'actes de trahison dont on soupçonne l'exécution prochaine ou d'en informer les autorités :

50. (1) **[Aider un ressortissant ennemi à quitter le Canada ou ne pas empêcher la trahison]** Commet une infraction, quiconque

a) incite ou volontairement aide un sujet

(i) d'un État en guerre contre le Canada, ou

(ii) d'un État contre les forces duquel les Forces canadiennes sont engagées dans des hostilités, qu'un état de guerre existe ou non entre le Canada et l'État auquel ces autres forces appartiennent,

à quitter le Canada sans le consentement de la Couronne, à moins que l'accusé n'établisse qu'on n'entendait pas aider, par là, l'État mentionné au sous-alinéa (i) ou les forces de l'État mentionné au sous-alinéa (ii), selon le cas; ou

b) sachant qu'une personne est sur le point de commettre une haute trahison ou une trahison, n'en informe pas avec toute la célérité raisonnable un juge de paix ou un autre agent de la paix ou ne fait pas d'autres efforts raisonnables pour empêcher cette personne de commettre une haute trahison ou une trahison.

(2) **[Peine]** Quiconque commet une infraction visée au paragraphe (1) est coupable d'un acte criminel et passible d'un emprisonnement de quatorze ans.

L'article 51 incrimine tout acte de violence en vue d'intimider le Parlement ou la législature d'une province :

51. [Intimider le Parlement ou une législature] Est coupable d'un acte criminel et passible d'un emprisonnement de quatorze ans, quiconque commet un acte de violence en vue d'intimider le Parlement du Canada ou la législature d'une province.

L'article 52 vise expressément les actes de sabotage destinés à mettre en péril la sécurité, la sûreté ou la défense du Canada :

52. (1) **[Sabotage]** Est coupable d'un acte criminel et passible d'un emprisonnement de dix ans, quiconque commet un acte prohibé dans un dessein préjudiciable

a) à la sécurité, à la sûreté ou à la défense du Canada, ou

b) à la sécurité ou sûreté des forces navales, des forces de l'armée ou des forces aériennes de tout État, autre que le Canada, qui sont légitimement présentes au Canada.

(2) **[«Acte prohibé»]** Au présent article, l'expresion «acte prohibé» signifie un acte ou une omission qui

a) diminue l'efficacité ou gêne le fonctionnement de tout navire, véhicule, aéronef, machine, appareil ou autre chose, ou

b) fait perdre, endommager ou détruire des biens, quel qu'en soit le propriétaire.

(3) **[Réserve]** Nul ne commet un acte prohibé au sens du présent article par le seul fait

a) qu'il cesse de travailler par suite du défaut, de la part de son employeur et de lui-même, de s'entendre sur une question quelconque touchant son emploi,

b) qu'il cesse de travailler par suite du défaut, de la part de son employeur et d'un agent négociateur agissant en son nom, de s'entendre sur une question quelconque touchant son emploi, ou

c) qu'il cesse de travailler par suite de sa participation à une entente d'ouvriers ou employés pour leur propre protection raisonnable à titre d'ouvriers ou employés.

(4) **[Idem]** Nul ne commet un acte prohibé au sens du présent article par le seul fait qu'il est présent à ou près une maison d'habitation ou un endroit, ou s'approche d'une maison d'habitation ou d'un endroit, aux seules fins d'obtenir ou de communiquer des renseignements.

Les crimes de sédition visés par les articles 60 à 62 du *Code* peuvent également être considérés comme accessoires à la trahison en ce sens qu'ils incriminent les mots, les écrits et les conspirations tendant à inciter les autres à commettre des actes de trahison ou d'autres crimes contre l'État.

60. (1) **[Paroles séditieuses]** Les paroles séditieuses sont des paroles qui expriment une intention séditieuse.

(2) **[Libelle séditieux]** Le libelle séditieux est un libelle qui exprime une intention séditieuse.

(3) **[Conspiration séditieuse]** Une conspiration séditieuse est une entente entre deux ou plusieurs personnes pour réaliser une intention séditieuse.

(4) **[Intention séditieuse]** Sans restreindre la généralité de la signification de l'expression «intention séditieuse», est présumé avoir une intention séditieuse quiconque

  a) enseigne ou préconise, ou

  b) publie ou fait circuler un écrit qui préconise

l'usage, sans l'autorité des lois, de la force comme moyen d'opérer un changement de gouvernement au Canada.

61. **[Exception]** Nonobstant le paragraphe 60(4), nul n'est censé avoir une intention séditieuse du seul fait qu'il entend, de bonne foi,

  a) démontrer que Sa Majesté a été induite en erreur ou s'est trompée dans ses mesures;

  b) signaler des erreurs ou défectuosités dans

    (i) le gouvernement ou la constitution du Canada ou d'une province,

    (ii) le Parlement du Canada ou la législature d'une province, ou

    (iii) l'administration de la justice au Canada;

  c) amener, par des moyens légaux, des modifications de quelque matière de gouvernement au Canada; ou

  d) signaler, afin qu'il y soit remédié, des questions qui produisent ou sont de nature à produire des sentiments d'hostilité et de malveillance entre diverses classes de personnes au Canada.

62. **[Punition des infractions séditieuses]** Est coupable d'un acte criminel et passible d'un emprisonnement de quatorze ans, quiconque

  a) prononce des paroles séditieuses,

  b) publie un libelle séditieux, ou

  c) est partie à une conspiration séditieuse.

La partie II du *Code* énumère toute une série de crimes secondaires contre l'État destinés à préserver le monopole de ce dernier sur les forces militaires au Canada. Ces infractions répriment l'incitation des membres des Forces canadiennes à la mutinerie (art. 53), l'aide accordée à un déserteur des Forces canadiennes (art. 54), l'incitation à la désertion et l'aide accordée à un déserteur de la Gendarmerie royale du Canada (art. 57), la diminution de la fidélité ou de la discipline des membres d'une force (art. 63) et les exercices d'armées privées (art. 71) :

53. **[Incitation à la mutinerie]** Est coupable d'un acte criminel et passible d'un emprisonnement de quatorze ans, quiconque

  a) tente, dans un dessein de trahison ou de mutinerie, de détourner un membre des Forces canadiennes de son devoir et de son allégeance envers Sa Majesté; ou

b) tente d'inciter ou d'induire un membre des Forces canadiennes à commettre un acte de trahison ou de mutinerie.

54. [**Aider à un déserteur**] Quiconque aide, assiste, recèle ou cache un individu qu'il sait être un déserteur ou un absent sans permission des Forces canadiennes, est coupable d'une infraction punissable sur déclaration sommaire de culpabilité; mais aucune procédure ne doit être intentée aux termes du présent article sans le consentement du procureur général du Canada.

57. [**Infractions relatives aux membres de la Gendarmerie royale du Canada**] Est coupable d'une infraction punissable sur déclaration sommaire de culpabilité, quiconque, de propos délibéré,

a) conseille à un membre de la Gendarmerie royale du Canada de déserter ou de s'absenter sans permission, ou l'en persuade;

b) aide, assiste, recèle ou cache un membre de la Gendarmerie royale du Canada qu'il sait être un déserteur ou absent sans permission; ou

c) aide ou assiste un membre de la Gendarmerie royale du Canada à déserter ou à s'absenter sans permission, sachant que ce membre est sur le point de déserter ou de s'absenter sans permission.

63. (1) [**Infractions relatives aux forces militaires**] Est coupable d'un acte criminel et passible d'un emprisonnement de cinq ans, quiconque, volontairement,

a) entrave ou diminue la fidélité ou la discipline d'un membre d'une force, ou influence sa fidélité ou discipline;

b) publie, rédige, émet, fait circuler ou distribue un écrit qui conseille, recommande ou encourage, chez un membre d'une force, l'insubordination, la déloyauté, la mutinerie ou le refus de servir; ou

c) conseille, recommande, encourage ou, de quelque manière, provoque, chez un membre d'une force, l'insubordination, la déloyauté, la mutinerie ou le refus de servir.

(2) [**«Membre d'une force»**] Au présent article, l'expression «membre d'une force» désigne un membre

a) des Forces canadiennes, ou

b) des forces navales, des forces de l'armée ou des forces aériennes d'un État autre que le Canada qui sont légitimement présentes au Canada.

71. (1) [**Décrets du gouverneur en conseil**] Le gouverneur en conseil peut, à l'occasion, par proclamation, prendre des décrets

a) interdisant des réunions de personnes, sans autorisation légale, dans le dessein

(i) de s'entraîner ou de faire l'exercice,

(ii) de se faire entraîner ou exercer au maniement des armes, ou

(iii) d'exécuter des évolutions militaires; ou

b) interdisant à des personnes, assemblées pour quelque fin, de s'entraîner ou de faire l'exercice ou de se faire entraîner ou exercer.

(2) [**Décret général ou spécial**] Un décret rendu aux termes du paragraphe (1) peut être en général ou rendu applicable à des localités, des districts ou des réunions particulières, que doit spécifier le décret.

(3) [**Peine**] Est coupable d'un acte criminel et passible d'un emprisonnement de cinq ans quiconque contrevient à un décret rendu en vertu du présent article.

II. La *Loi sur les secrets officiels*

A. L'espionnage

Reprenant plus ou moins la disposition des articles de la partie II du *Code criminel*, la *Loi sur les secrets officiels* comporte également des crimes contre l'État, tant primaires que secondaires. L'infraction principale en vertu de cette Loi est l'espionnage qui est défini en détail par les articles 3 et 4 :

> **3.** (1) **[Espionnage]** Est coupable d'infraction à la présente loi quiconque, dans un dessein nuisible à la sécurité ou aux intérêts de l'État,
>
> > *a)* s'approche d'un endroit prohibé, l'inspecte, le traverse, se trouve dans son voisinage ou y pénètre;
> >
> > *b)* prend une note ou fait un croquis, plan ou modèle propre ou destiné à aider, ou susceptible d'aider directement ou indirectement à une puissance étrangère; ou
> >
> > *c)* obtient, recueille, enregistre, publie ou communique à une autre personne un chiffre officiel ou mot de passe, ou un croquis, plan, modèle, article, note ou autre document ou renseignement propre ou destiné à aider, ou susceptible d'aider, directement ou indirectement une puissance étrangère.
>
> (2) **[Dessein nuisible à la sécurité de l'État]** Dans une poursuite intentée sous le régime du présent article, il n'est pas nécessaire de démontrer que l'accusé était coupable d'un acte particulier indiquant un dessein nuisible à la sécurité ou aux intérêts de l'État, et, bien que la preuve d'un tel acte ne soit pas établie à son encontre, il peut être déclaré coupable s'il apparaît, d'après les circonstances de l'espèce, sa conduite ou la preuve de sa réputation, que son dessein était nuisible à la sécurité ou aux intérêts de l'État; et si un croquis, un plan, un modèle, un article, une note, un document ou un renseignement se rapportant à un endroit prohibé ou qui y est utilisé, ou quelque chose en cet endroit, ou un chiffre officiel ou mot de passe est fabriqué, obtenu, recueilli, enregistré, publié ou communiqué par une personne autre qu'une personne légalement autorisée, il est censé avoir été fabriqué, obtenu, recueilli, enregistré, publié ou communiqué dans un dessein nuisible à la sécurité ou aux intérêts de l'État, à moins de preuve contraire.
>
> (3) **[Communication avec l'agent d'une puissance étrangère, etc.]** Dans toute procédure intentée contre une personne pour une infraction au présent article, le fait qu'elle a communiqué ou qu'elle a tenté de communiquer avec un agent d'une puissance étrangère, au Canada ou hors du Canada, constitue la preuve qu'elle a, dans un dessein nuisible à la sécurité ou aux intérêts de l'État, obtenu ou tenté d'obtenir des renseignements propres ou destinés à aider ou susceptibles d'aider, directement ou indirectement une puissance étrangère.
>
> (4) **[Personne censée avoir été en communication]** Pour les fins du présent article, mais sans préjudice de la teneur générale de la disposition précitée,
>
> > *a)* une personne, à moins de preuve contraire, est censée avoir communiqué avec un agent d'une puissance étrangère,
> >
> > > (i) si elle a, au Canada ou hors du Canada, visité l'adresse d'un agent d'une puissance étrangère ou a fréquenté cet agent ou s'est associée avec lui, ou
> > >
> > > (ii) si, au Canada ou hors du Canada, le nom ou l'adresse, ou tout autre renseignement concernant cet agent a été trouvé en sa possession, ou lui a été fourni par une autre personne ou a été obtenu par elle d'une autre personne;

b) l'expression «un agent d'une puissance étrangère» comprend toute personne qui est ou a été ou qui est raisonnablement soupçonnée d'être ou d'avoir été à l'emploi d'une puissance étrangère, directement ou indirectement, aux fins de commettre, au Canada ou hors du Canada, un acte nuisible à la sécurité ou aux intérêts de l'État, ou qui a ou est raisonnablement soupçonnée d'avoir, au Canada ou hors du Canada, commis ou tenté de commettre un tel acte dans l'intérêt d'une puissance étrangère; et

c) toute adresse, au Canada ou hors du Canada, raisonnablement soupçonnée d'être l'adresse utilisée pour la réception de communications destinées à un agent d'une puissance étrangère, ou toute adresse où demeure cet agent ou dont il se sert pour la transmission ou la réception de communications, ou à laquelle il exerce un commerce, est censée l'adresse d'un agent d'une puissance étrangère, et les communications envoyées à cette adresse sont censées des communications à cet agent.

4. (1) **[Communication, etc., illicite de renseignements]** Est coupable d'infraction à la présente loi quiconque, ayant en sa possession ou contrôle un chiffre officiel ou mot de passe, ou un croquis, plan, modèle, article, note, document ou renseignement se rapportant à un endroit prohibé ou à quelque chose en cet endroit ou qui y est utilisé, ou qui a été fabriqué ou obtenu contrairement à la présente loi, ou qui lui a été confié par une personne détenant une fonction relevant de Sa Majesté, ou qu'il a obtenu ou auquel il a eu accès, alors qu'il était assujetti au Code de discipline militaire au sens de la *Loi sur la défense nationale*, ou à titre de personne détenant ou ayant détenu une fonction relevant de Sa Majesté, ou à titre de personne qui est ou a été l'adjudicataire d'un contrat passé pour le compte de Sa Majesté, ou d'un contrat qui est exécuté en totalité ou en partie dans un endroit prohibé, ou à titre de personne qui est ou a été à l'emploi de quelqu'un qui détient ou a détenu cette fonction, ou est ou a été l'adjudicataire du contrat,

a) communique le chiffre, mot de passe, croquis, plan, modèle, article, note, document ou renseignement à toute personne autre que celle avec laquelle il est autorisé à communiquer ou à qui il est tenu de le communiquer dans l'intérêt de l'État;

b) utilise les renseignements qu'il a en sa possession au profit d'une puissance étrangère ou de toute autre manière nuisible à la sécurité ou aux intérêts de l'État;

c) retient le croquis, le plan, le modèle, l'article, la note ou le document qu'il a en sa possession ou contrôle quand il n'a pas le droit de le retenir, ou lorsqu'il est contraire à son devoir de le retenir, ou qu'il ne se conforme pas aux instructions données par l'autorité compétente relativement à sa mise ou à la façon d'en disposer; ou

d) ne prend pas les précautions raisonnables en vue de la conservation du croquis, du plan, du modèle, de l'article, de la note, du document, du chiffre officiel ou mot de passe ou du renseignement, ou se conduit de manière à en compromettre la sécurité.

(2) **[Communication du croquis, plan, modèle, etc.]** Est coupable d'infraction à la présente loi quiconque, ayant en sa possession ou contrôle un croquis, plan, modèle, article, note, document ou renseignement se rapportant à des munitions de guerre, en donne communication directement ou indirectement à une puissance étrangère, ou de toute autre manière nuisible à la sécurité ou aux intérêts de l'État.

(3) **[Réception du chiffre officiel, croquis, etc.]** Si une personne reçoit un chiffre officiel ou mot de passe, ou un croquis, plan, modèle, article, note, document ou renseignement sachant ou ayant raisonnablement lieu de croire, au moment où elle le reçoit, que le chiffre, le mot de passe, le croquis, le plan, le modèle, l'article, la note, le document

ou le renseignement lui est communiqué contrairement à la présente loi, cette personne est coupable d'infraction à la présente loi, à moins qu'elle ne prouve que la communication à elle faite du chiffre, mot de passe, croquis, plan, modèle, article, note, document ou renseignement était contraire à son désir.

(4) **[Retenir ou permettre la possession de documents, etc.]** Est coupable d'infraction à la présente loi, quiconque

> *a)* retient, dans un dessein nuisible à la sécurité ou aux intérêts de l'État, un document officiel, qu'il soit ou non complété ou émis pour usage, lorsqu'il n'a pas le droit de le retenir ou lorsqu'il est contraire à son devoir de le retenir, ou ne se conforme pas aux instructions données par un département du gouvernement ou par toute personne autorisée par ce département concernant la remise dudit document officiel ou la façon d'en disposer; ou

> *b)* permet qu'un document officiel émis pour son propre usage entre en la possession d'une autre personne, ou communique un chiffre officiel ou mot de passe ainsi émis, ou, sans autorité ni excuse légitime, a en sa possession un document officiel ou un chiffre officiel ou mot de passe émis pour l'usage d'une personne autre que lui-même, ou, en obtenant possession d'un document officiel par découverte ou autrement, néglige ou omet de le remettre à la personne ou à l'autorité par qui ou pour l'usage de laquelle il a été émis, ou à un agent de police.

B. Infractions accessoires aux crimes contre l'État prévues dans la *Loi sur les secrets officiels*

Les articles 3 et 4 de la *Loi sur les secrets officiels* sont appuyés par les dispositions accessoires suivantes : les articles 5 et 6 visent à arrêter les personnes qui tentent de s'introduire dans un lieu prohibé ou essaient d'en diminuer la sécurité, l'article 8 incrimine le fait d'héberger des espions et l'article 9 frappe les personnes qui incitent autrui à commettre une infraction prévue par la Loi ou qui tentent de la commettre comme si elles avaient perpétré cette infraction.

5. (1) **[Port illicite d'un uniforme, falsification de rapports, faux, suppositions de personne et faux documents]** Est coupable d'infraction à la présente loi, quiconque, dans le dessein d'avoir accès ou d'aider une autre personne à avoir accès à un endroit prohibé, ou pour toute autre fin nuisible à la sécurité ou aux intérêts de l'État,

> *a)* endosse ou porte, sans autorité légitime, un uniforme militaire ou de la police, ou autre uniforme officiel, ou tout uniforme qui y ressemble au point d'être susceptible d'induire en erreur, ou se représente faussement comme étant une personne qui est ou a été autorisée à endosser ou porter un tel uniforme;

> *b)* verbalement, ou par écrit dans une déclaration ou demande, ou dans un document signé par lui ou en son nom, sciemment fait une fausse déclaration ou une omission, ou la tolère;

> *c)* forge, altère ou falsifie tout passeport, ou une passe, un permis, un certificat ou une autorisation officielle ou émise par l'autorité militaire ou la police, ou tout autre document d'une nature semblable (ci-après désigné «document officiel» au présent article), ou qui utilise ou a en sa possession un tel document officiel forgé, altéré ou irrégulier;

d) se fait passer pour une personne ou se représente faussement comme une personne détenant, ou à l'emploi d'une personne détenant, une fonction relevant de Sa Majesté, ou comme étant ou n'étant pas une personne à qui un document officiel ou un chiffre officiel ou mot de passe a été dûment émis ou communiqué, ou, dans l'intention d'obtenir un document officiel, un chiffre officiel ou mot de passe, pour lui-même ou pour une autre personne, fait sciemment une fausse déclaration; ou

e) utilise ou a en sa possession ou sous son contrôle, sans l'autorisation du département du gouvernement ou de l'autorité en cause, une matrice, un sceau ou un timbre d'un département du gouvernement ou appartenant à ce dernier ou utilisé, fabriqué ou fourni par un semblable département ou une autorité diplomatique ou militaire nommée par Sa Majesté ou agissant sous son autorité, ou une matrice, un sceau ou un timbre qui y ressemble au point d'être susceptible d'induire en erreur, ou contrefait cette matrice, ce sceau ou ce timbre, ou utilise ou a en sa possession ou sous son contrôle une telle matrice, un tel sceau ou un tel timbre contrefait.

(2) **[Usage illicite de matrices, sceaux, etc.]** Est coupable d'infraction à la présente loi quiconque, sans autorité ou excuse légitime, fabrique ou vend ou a en sa possession pour la vente une matrice, un sceau ou un timbre de ce genre.

6. **[Entraver les agents de police]** Nulle personne dans le voisinage d'un endroit prohibé ne doit entraver, sciemment, induire en erreur, ni autrement contrecarrer ou gêner un gendarme ou agent de police ou un membre des forces de Sa Majesté qui monte la garde, qui est de faction, qui fait la patrouille ou qui remplit d'autres fonctions semblables relativement à l'endroit prohibé, et si cette personne contrevient à la présente disposition ou omet de s'y conformer, elle est coupable d'infraction à la présente loi.

8. **[Héberger des espions]** Est coupable d'infraction à la présente loi , quiconque héberge sciemment une personne qu'il croit ou qu'il a raisonnablement lieu de croire être une personne sur le point de commettre ou qui a commis une infraction à la présente loi, ou qui permet sciemment à de telles personnes de se rencontrer ou de se réunir dans des locaux qu'il occupe ou qu'il a sous son contrôle, ou qui, ayant hébergé une telle personne ou permis à de telles personnes de se rencontrer ou de se réunir dans des locaux qu'il occupe ou qu'il a sous son contrôle, omet ou refuse volontairement de dévoiler à un agent de police supérieur des renseignements qu'il peut fournir à l'égard de cette personne.

9. **[Tentatives, incitations, etc.]** Est coupable d'infraction à la présente loi, passible des mêmes peines et sujet aux mêmes procédures que s'il avait commis l'infraction, quiconque tente de commettre une infraction à la présente loi, ou sollicite, incite ou cherche à induire une autre personne à commettre une infraction, ou devient son complice et accomplit tout acte en vue de la perpétration d'une infraction à la présente loi.

L'article 13 assujettit au régime de la *Loi sur les secrets officiels* les infractions commises à l'étranger :

13. **[Infractions commises hors du Canada]** Une action, omission ou chose qui, en raison de la présente loi, serait punissable comme infraction si elle avait lieu au Canada, constitue, lorsqu'elle se produit hors du Canada, une infraction à la présente loi, jugeable et punissable au Canada, dans les cas suivants :

a) lorsque le contrevenant, à l'époque où l'action, omission ou chose s'est produite, était citoyen canadien au sens de la *Loi sur la citoyenneté canadienne*;

b) lorsqu'un chiffre, mot de passe, croquis, plan, modèle, article, note, document, renseignement ou autre chose à l'égard de quoi un contrevenant est accusé, a été obtenu par ce dernier, ou dépend d'un renseignement par lui obtenu, pendant que le contrevenant devait allégeance à Sa Majesté.

Les peines prévues pour les infractions définies dans la *Loi sur les secrets officiels* sont énoncées au paragraphe 15(1) :

15. (1) **[Peines]** Lorsque nulle peine spécifique n'est prévue dans la présente loi, toute personne coupable d'une infraction y visée est réputée coupable d'un acte criminel et est punissable, sur déclaration de culpabilité, de l'emprisonnement pour une période n'excédant pas quatorze ans; mais cette personne peut, au choix du procureur général, faire l'objet de poursuites sommaires de la manière que prévoient les dispositions du *Code criminel* relatives aux déclarations sommaires de culpabilité, et, dans le cas de telles poursuites, elle est punissable d'une amende d'au plus cinq cents dollars ou d'un emprisonnement d'au plus douze mois, ou à la fois de l'amende et de l'emprisonnement.

CHAPITRE QUATRE

Les lacunes

Les infractions contre l'État énumérées dans la partie II du *Code* et dans la *Loi sur les secrets officiels* sont entachées de nombreux défauts tant au point de vue de la forme que du contenu.

Sur le plan de la forme, les lacunes peuvent être rangées dans trois sous-catégories :

(1)   mauvais agencement des dispositions qui font double emploi et sont incompatibles entre elles;

(2)   complexité excessive et profusion de détails;

(3)   portée et signification incertaines.

Sur le plan du contenu, les trois principales déficiences sont les suivantes :

(1)   les dispositions sont vieillies et ne relèvent d'aucun principe;

(2)   il y a extension injustifiée du domaine de la loi pénale;

(3)   il se peut fort bien que certains des articles enfreignent la *Charte canadienne des droits et libertés*.

I.   Sur le plan de la forme

A.   Mauvais agencement des dispositions

Des techniques de modification législative improvisées, une rédaction fautive et l'inaction du Parlement qui n'a jamais légiféré sur les crimes contre l'État dans leur ensemble expliquent pourquoi ils figurent dans deux minicodes distincts (la *Loi sur les secrets officiels* et la partie II du *Code criminel*) dont les dispositions font double emploi et sont incompatibles entre elles de même qu'avec les autres articles du *Code criminel* et d'autres lois fédérales.

(1) Double emploi

Se pose d'abord le problème du double emploi entre les infractions contre l'État prévues dans la Loi et celles de la partie II du *Code criminel*. L'exemple le plus frappant est celui des infractions liées à l'espionnage qui sont visées par l'alinéa 46(2)*b*) du *Code* et les articles 3 et 4 de la *Loi sur les secrets officiels*. À cela on peut ajouter l'obligation pour quiconque se doute qu'un acte d'espionnage est sur le point d'être commis de le dénoncer aux autorités, obligation prévue à la fois par l'alinéa 50(1)*b*) du *Code* et l'article 8 de la Loi.

Quant à la *Loi sur les secrets officiels*, le principal exemple de double emploi est donné par les articles 3 et 4. Ils visent tous deux une conduite liée à l'espionnage et sont rédigés de façon si générale qu'il en résulte un texte législatif plein de redites. Pour montrer la nature du problème, il suffit de citer deux alinéas de la Loi. L'alinéa 3(1)*c*) en vertu duquel il est interdit à quiconque, dans un dessein nuisible à la sécurité ou aux intérêts de l'État, de communiquer à une autre personne des renseignements susceptibles d'aider une puissance étrangère, fait double emploi avec l'alinéa 4(1)*a*), lequel incrimine le fait pour toute personne d'avoir en sa possession ce genre de renseignements en vue de les communiquer à toute personne autre qu'une personne à qui elle est tenue de les communiquer dans l'intérêt de l'État.

Les exemples de double emploi ne manquent pas non plus parmi les dispositions de la partie II du *Code*. En effet, puisqu'en common law l'expression «fait la guerre» (alinéa 46(1)*b*)) signifie accomplir des actes de violence à des fins politiques[59], il semblerait que le fait relativement récent de trahison qui consiste à recourir à la force ou à la violence en vue de renverser le gouvernement (alinéa 46(2)*a*)) frappe à nouveau le même comportement. Il ne fait pas de doute que l'on pourrait avec une seule disposition bien rédigée, en s'appuyant sur les infractions inchoatives de complot et de tentative, trouver une solution satisfaisante au problème de la rébellion accompagnée de violence.

Les crimes contre la personne de la Reine suscitent les mêmes difficultés. L'alinéa 46(1)*a*) dispose que commet une haute trahison quiconque tue ou tente de tuer la Reine, ou lui cause quelque lésion corporelle tendant à la mort, ou l'estropie ou la blesse, ou l'emprisonne ou la détient. L'alinéa 49*b*) incrimine l'acte destiné ou de nature à causer des lésions corporelles à la Reine. Les deux dispositions reprennent beaucoup d'éléments communs, l'article 49 faisant office de disposition spéciale visant la tentative de commettre l'infraction prévue à l'alinéa 46(1)*a*). Lorsque cet article a été voté en 1842-1843, l'incrimination des actes tendant à alarmer Sa Majesté ou à lui causer des lésions corporelles comblait une lacune car le *Statute of Treasons* ne protégeait le souverain que contre les voies de fait mortelles[60]. Comme la haute trahison vise aujourd'hui le fait

---

59. Mewett et Manning, 1985, p. 434; selon les auteurs, «faire la guerre» s'entend non pas de la guerre déclarée formellement au sens du droit international, mais plutôt du recours aux armes par un grand nombre de personnes contre le gouvernement légitime du Canada, dans un dessein à caractère public ou général, par opposition à un dessein privé. Voir aussi *Halsbury's Laws of England*, 1976, p. 479-480; Turner, 1964, p. 211-212; Stephen, 1883, p. 268-271; Law Commission (R.-U.), 1977, p. 11-12.
60. Stephen, 1883, p. 250.

de causer des lésions corporelles à la Reine et qu'à l'heure actuelle on peut se servir d'infractions inchoatives générales (art. 24, 422 et 423 du *Code*), l'article 49 semble superflu.

Les articles 53 et 63 de la partie II du *Code* fournissent un autre exemple de ce dédoublement. Ces deux dispositions traitent du fait d'inciter un membre des Forces armées à être déloyal ou à se mutiner ou du fait de le lui conseiller. Bien qu'il y ait certaines différences entre les deux dispositions[61], l'importance des redites porte à croire qu'au moins l'un de ces articles est inutile.

Les dispositions de la partie II font également double emploi avec d'autres dispositions du *Code*. L'une des difficultés que nous avons déjà mentionnées est la défaillance des rédacteurs des crimes contre l'État qui ne se sont pas servis des règles applicables de façon générale à la tentative (art. 24), à l'incitation (art. 422) et au complot (art. 423). On a plutôt choisi de truffer les articles visant la trahison d'infractions spécifiques prévoyant la tentative et la conspiration. Voir, par exemple, les alinéas 46(1)*a*) et *b*) ainsi que 46(2)*c*), *d*) et *e*). De même, en raison de l'interprétation étroite donnée aux infractions à caractère séditieux par la Cour suprême du Canada dans l'affaire *Boucher*[62], il semblerait que la sédition recouvre complètement les infractions générales d'incitation et de conspiration telles qu'elles s'appliquent aux autres infractions de la partie II, comme, par exemple, l'incitation à la révolution accompagnée de violence.

L'alinéa 46(1)*a*) et l'article 49 constituent deux cas manifestes de double emploi avec d'autres dispositions du *Code* parce qu'ils visent tous les deux une conduite qui relèverait des dispositions générales du *Code* concernant les infractions contre la personne.

---

61. Contrairement à l'article 53, l'article 63 vise aussi les membres des forces armées étrangères se trouvant légalement au Canada, et comporte une peine d'emprisonnement de cinq ans, alors que la peine édictée par l'article 53 est de quatorze ans. Malgré certaines différences sur le plan de la formulation, le contenu des deux articles est très semblable.

62. Stephen (1877) a résumé de façon pratique, à l'article 93, le droit positif de son époque en matière de sédition :

   [TRADUCTION]
   L'intention séditieuse consiste dans l'intention d'attirer la haine, le mépris ou la désaffection sur la personne de la reine, ses héritiers ou successeurs, le gouvernement et la constitution légitimes du Royaume-Uni, l'une ou l'autre des chambres du Parlement ou l'administration de la justice. Elle consiste aussi dans l'intention d'inciter les sujets de Sa Majesté à tenter, autrement que par les voies légales, de modifier toute institution légitime de l'Église ou de l'État, de susciter le mécontentement ou la désaffection chez les sujets de Sa Majesté, ou de promouvoir la malveillance et l'hostilité entre les différentes classes de sujets.

   En revanche, n'est pas séditieuse l'intention de montrer que Sa Majesté a été induite en erreur ou a commis une erreur dans les mesures qu'elle a prises, de signaler les erreurs ou les défauts du gouvernement et de la constitution légitimes en vue de les réformer, d'inciter les sujets de Sa Majesté à tenter, par des moyens légaux, de modifier les institutions légitimes de l'Église ou de l'État, de dénoncer, en vue de l'éliminer, toute chose de nature à susciter la haine ou la malveillance entre les classes de sujets de Sa Majesté.

   Voir aussi Turner, 1964, p. 216. Dans l'affaire *Boucher* v. *The King*, [1951] R.C.S. 265, la Cour suprême du Canada a apporté certaines réserves à la définition donnée par Stephen. Elle a jugé que ni les paroles destinées à promouvoir la malveillance et l'hostilité entre les différentes classes de sujets de Sa Majesté, ni le fait de critiquer les tribunaux n'étaient séditieux en soi, à moins d'être caractérisés par l'intention d'inciter à la violence contre l'autorité établie ou de troubler l'ordre public à l'encontre de cette autorité (voir les motifs du juge Kerwin, p. 283, et ceux du juge Kellock, p. 301).

Enfin, nous avons constaté que des dispositions de la *Loi sur les secrets officiels* et de la partie II du *Code* font double emploi avec des infractions créées en vertu de la *Loi sur la défense nationale*. Cette dernière contient en effet, des infractions relatives à l'espionnage (art. 65 et 68) qui visent des conduites similaires à celles qui sont incriminées par l'alinéa 46(2)*b*) du *Code* et les articles 3 et 4 de la *Loi sur les secrets officiels*; des infractions relatives à l'aide offerte à l'ennemi (art. 65, 256 et 257) qui recoupent l'alinéa 46(1)*c*); une infraction d'incitation à la mutinerie (art. 71) qui reprend les articles 53 et 63 du *Code*; une infraction de sédition (art. 72) qui fait double emploi avec le paragraphe 60(4) du *Code* et enfin une infraction de «connivence dans les cas de désertion» (art. 79) qui semble viser certaines des conduites prévues à l'article 54 du *Code*. Il est inutile, à coup sûr, de prévoir des infractions spéciales relatives à l'espionnage et à l'aide apportée à l'ennemi dans la *Loi sur la défense nationale* si le *Code* incrimine déjà une telle conduite. En revanche, il conviendrait que les infractions liées à la discipline dans les forces armées figurent dans la *Loi sur la défense nationale* plutôt que dans le *Code criminel* qui ne doit contenir que des crimes d'application générale[63].

(2) Incompatibilités

Des incompatibilités ont été relevées entre les articles du *Code* lui-même ainsi qu'entre les dispositions de la *Loi sur les secrets officiels* et celles de la partie II.

Le *Code* comporte de nombreuses incompatibilités internes, notamment dans le cas de l'article 46. Par exemple, l'absence de norme uniforme relative à l'élément moral requis pour la trahison et la haute trahison. Bien qu'en grande partie la conduite incriminée doive probablement être commise intentionnellement, il y a des exceptions importantes. Ainsi, l'alinéa 46(1)*a*) «cause quelque lésion corporelle tendant à la mort ou à la destruction [de Sa Majesté]» pourrait également se rapporter à une conduite insouciante et l'alinéa 46(2)*b*) implique l'insouciance ou la négligence.

Les dispositions de l'article 46 sont même incompatibles entre elles : pas moins de trois régimes de responsabilité différents y sont énoncés pour un acte non consommé. D'abord, l'alinéa 46(1)*a*) qualifie de haute trahison le fait de tuer ou de *tenter* de tuer la Reine. En second lieu, l'alinéa 46(1)*b*) considère comme également constitutif de haute trahison le fait de faire la guerre contre le Canada ou celui d'*accomplir un acte préparatoire à une telle guerre*. Enfin, l'alinéa 46(2)*d*) dispose que quiconque *forme le dessein* d'accomplir une haute trahison et *révèle ce dessein par un acte manifeste* commet une trahison. Cette incompatibilité est aggravée par le fait que l'alinéa 46(2)*d*) étant lié à d'autres alinéas de l'article 46, la formation du dessein de tenter de tuer la Reine et la révélation de ce dessein par un acte manifeste constituent des actes de trahison. L'article 24 rend plus aigu encore ce problème puisqu'il prévoit une règle générale de responsabilité pour la tentative qui, prise dans son sens littéral, permettrait de rattacher un autre élément aux faits constitutifs de trahison, à savoir la tentative de former le dessein de tenter de tuer la Reine. Compte tenu des difficultés que soulève

---

63. Pour une étude de la portée que devrait avoir le droit pénal, voir Canada, CRDC, 1976.

déjà la détermination du sens du mot «tentative» à l'article 24[64], il semblerait que les trois régimes supplémentaires de l'article 46 ne font qu'accentuer la confusion et l'incertitude.

D'autres incompatibilités opposent l'article 46 et les autres infractions contre l'État prévues par le *Code*. Par exemple, l'article 49 (actes destinés à alarmer la Reine ou à lui causer des lésions corporelles) frappe certaines des conduites réprimées par l'alinéa 46(1)*a* (tuer ou détenir la Reine, lui causer des lésions corporelles) sans toutefois pouvoir s'appliquer aux infractions commises hors du territoire national. En deuxième lieu, bien que l'alinéa 46(2)*a* (recours à la force ou à la violence en vue de renverser le gouvernement) et l'article 51 (actes de violence en vue d'intimider le Parlement) répriment des actes similaires, l'infraction la plus grave, l'alinéa 46(2)*a*, qui est punie d'emprisonnement à perpétuité, est assortie d'une prescription de trois ans (par. 48(1)) alors qu'aucun délai n'est fixé à l'égard de l'article 51. Il semble tout aussi contradictoire que sous l'empire du paragraphe 48(2) qui frappe les paroles constitutives de trahison, les poursuites doivent être intentées dans les seize jours alors qu'aucune prescription n'est prévue à l'égard des paroles séditieuses visées par l'article 62 qui est une infraction moins grave.

Les incompatibilités entre la *Loi sur les secrets officiels* et la partie II du *Code* se rapportent aux infractions d'espionnage réprimées par l'alinéa 46(1)*b* du *Code* et par l'article 3 de la Loi. En premier lieu, l'élément moral requis par le *Code* et la Loi ne semble pas être le même. L'article 3 de la Loi précise que l'acte reproché doit avoir été accompli «dans un dessein nuisible», ce qui laisse entendre que l'acte matériel doit être accompagné d'un *élément moral*, alors qu'à l'alinéa 46(2)*b* l'insouciance ou la négligence semblerait suffire selon les termes mêmes de cette disposition : «sans autorisation légitime, communique ... des renseignements ... alors qu'il ... devrait savoir que ledit État peut s'en servir à des fins préjudiciables ...». En deuxième lieu, il est curieux que dans les deux dispositions, une expression similaire («dessein nuisible à la sécurité» ou «à des fins préjudiciables à la sécurité» du Canada) soit employée mais que dans la Loi, cette fin ou ce dessein préjudiciable doit être le fait de l'accusé alors qu'à l'alinéa 46(2)*b* du *Code* il soit imputable à l'État étranger. En outre, la Loi parle de la «sécurité» ou des «intérêts de l'État», ce qui suggère que des renseignements économiques seraient également protégés alors qu'à l'alinéa 46(2)*b* du *Code*, «la sécurité ou ... la défense du Canada» est envisagée, excluant tout renseignement d'ordre économique. Incidemment, il est déconcertant que l'article 52 du *Code*, qui frappe le sabotage, emploie une autre variante de la même expression «dessein préjudiciable à la sécurité, à la sûreté ou à la défense du Canada».

Les actes matériels visés par les infractions de sabotage du *Code* et de la Loi ne sont pas non plus les mêmes. L'alinéa 46(2)*b* réprime simplement les communications ou la mise à disposition de «renseignements d'ordre militaire ou scientifique ou [de] quelque croquis, plan, modèle, article, note ou document de nature militaire ou scientifique alors qu'il sait ou devrait savoir que ledit État peut s'en servir à des fins préjudiciables ...». En revanche, les articles 3 et 4 de la *Loi sur les secrets officiels* frappent une longue série détaillée de conduites.

---

64. Voir *R.* v. *Cline*, (1956) 115 C.C.C. 18, 24 C.R. 58 (C.A. Ont.); Meehan, 1984, p. 5-6.

Autre élément d'incompatibilité entre ces deux textes législatifs : le domaine d'application des infractions d'espionnage. Aux termes du paragraphe 46(3) du *Code*, l'infraction réprimée par l'alinéa 46(2)*b*) peut être commise à l'étranger par un citoyen canadien ou quiconque doit allégeance à Sa Majesté du chef du Canada. Par contre, l'article 13 de la *Loi sur les secrets officiels* dispose que les infractions d'espionnage frappées par les articles 3 et 4 peuvent être commises à l'étranger par un citoyen canadien ou par quiconque devait allégeance à Sa Majesté au moment où il a obtenu les renseignements. Cela signifie que s'il s'agit d'une personne se trouvant à l'extérieur du Canada et ne devant plus allégeance au Canada au moment de la communication des renseignements, elle ne peut être poursuivie pour trahison en vertu du *Code* mais pourrait l'être aux termes de la Loi. Au contraire, si elle obtient des renseignements alors qu'elle n'est pas citoyenne canadienne ou ne doit pas allégeance au Canada, mais donne par la suite son allégeance, puis communique les renseignements, elle ne pourrait être incriminée en vertu de la *Loi sur les secrets officiels* mais pourrait être poursuivie pour trahison.

Enfin, les peines prévues pour l'espionnage ne sont pas les mêmes selon que leur auteur est poursuivi en vertu du *Code* ou de la *Loi sur les secrets officiels*. Aux termes de l'article 15 de la Loi, la peine varie de douze mois d'emprisonnement ou cinq cents dollars d'amende à quatorze ans d'emprisonnement. L'article 47 du *Code* punit l'espionnage soit de l'emprisonnement maximal de quatorze ans, en temps de paix, soit de l'emprisonnement à perpétuité, en temps de guerre.

B. Complexité excessive et profusion de détails

Une complexité excessive et une profusion de détails marquent le régime des infractions contre l'État dans son ensemble et chacune de ses dispositions. À cet égard, l'une des lacunes les plus graves et les plus manifestes est le fait que le Parlement ait créé deux codes distincts mais faisant double emploi, chacun étant complet avec ses propres règles de procédure et de preuve, pour disposer d'un sujet relativement limité. Il ne fait aucun doute qu'il aurait été plus simple de réunir toutes ces infractions. On peut également se demander s'il est nécessaire de prévoir des règles spéciales de preuve et de procédure pour ces infractions, telles les règles de la corroboration et les prescriptions spéciales pour la trahison alors que les règles générales en matière de preuve et de procédure pourraient très bien s'appliquer.

Individuellement, les articles du *Code* et ceux de la *Loi sur les secrets officiels* n'échappent pas à ce défaut. En ce qui concerne le *Code*, les articles 46 et 47 fournissent un bon exemple de rédaction inutilement compliquée. Le paragraphe 46(2) (trahison) renvoie le lecteur à la fois à un autre alinéa du même article et au paragraphe 46(1) (haute trahison) puisque les alinéas 46(2)*c*) et *d*) qualifient de trahison le fait de conspirer ou de former le dessein «d'accomplir une chose mentionnée à l'alinéa *a*)». L'article 47 qui fixe les peines prévues pour la trahison, énumère simplement les paragraphes de l'article 46, de sorte que le lecteur est dans l'obligation de consulter les paragraphes 46(2) et 46(1) pour savoir quelle peine s'applique à quelle conduite. Il aurait certainement été possible de rédiger ces dispositions plus simplement et plus clairement.

Cependant, la *Loi sur les secrets officiels* que l'on peut à juste titre considérer comme l'un des textes législatifs les plus mal rédigés est un modèle de complexité et de détails superflus. La Loi ne traite que de la divulgation de renseignements officiels et des infractions liées à l'espionnage. L'article 3, infraction d'espionnage proprement dite, contient une longue liste d'actes prohibés. L'article 4 traite en détail de la communication ou de l'usage non autorisés de renseignements, et définit trois infractions spécifiques supplémentaires. Les articles 5, 6, 8 et 9 créent d'autres infractions connexes. Toutes ces dispositions sont interminables. Certaines comportent des phrases de plus de cent cinquante mots et bon nombre d'entre elles sont incompréhensibles. La *Loi sur les secrets officiels* consacre plusieurs pages et plus de mille mots aux infractions liées à l'espionnage alors que le *Code criminel* dit peut-être tout ce qu'il faut dire sur le sujet en un seul court alinéa (46(2)b)). En dépit de tous les détails apportés, les infractions prévues par la *Loi sur les secrets officiels* ne sont pas plus précises que l'alinéa 46(2)b) et, en vérité, leur portée exacte demeure obscure[65].

C. Incertitude

La difficulté de déterminer exactement la signification de certains mots et expressions employés dans la *Loi sur les secrets officiels* et la partie II du *Code criminel* est particulièrement grave en raison de l'extrême sévérité des peines prévues. Parfois, une seule expression nébuleuse obscurcit l'ensemble d'un article. Dans d'autres cas, c'est le Parlement qui a omis de définir l'infraction. Nous aborderons d'abord les sources d'incertitude de la partie II du *Code*, puis celles qui sont communes au *Code* et à la *Loi sur les secrets officiels*, pour terminer avec celles que contient la *Loi sur les secrets officiels* elle-même.

En ce qui concerne le *Code*, nous constatons que l'article 46 peut à plusieurs titres être qualifié d'ambigu. En premier lieu, on ne sait pas trop ce que signifie l'expression «fait la guerre» à l'alinéa 46(1)b). Cette expression vise-t-elle les seules rébellions internes fomentées par des Canadiens ou s'applique-t-elle aussi aux envahisseurs étrangers en sol canadien[66]? Il serait plutôt étrange d'inclure ce dernier groupe. La trahison repose sur la notion fondamentale de déloyauté, et un soldat ennemi en guerre contre le Canada peut difficilement être accusé d'avoir manqué de loyauté envers le Canada puisqu'il n'a aucune obligation envers lui. En deuxième lieu, l'expression «aide un ennemi» à l'alinéa 46(1)c) est vague car elle ne précise pas si l'aide doit être liée à

---

65. Voir *infra*, p. 34-35. En vertu de la *Loi sur les secrets officiels*, il n'y avait aucun empêchement majeur à ce que des poursuites soient intentées contre Morrison en raison des preuves accablantes pesant contre lui. Au cours d'une interview télévisée, il avait admis son crime. Le 23 janvier 1986, il a plaidé coupable à une accusation d'avoir enfreint l'alinéa 3(1)c). Voir aussi *Re Regina and Morrison*, (1984) 47 O.R. (2d) 185 (H.C. Ont.), appel rejeté le 17 octobre 1984.

66. Voir Mewett et Manning, 1985, p. 434. De fait, il est bien établi qu'un envahisseur étranger, c'est-à-dire un «ennemi déclaré», se trouvant au Canada, ne commet pas une trahison puisqu'il ne bénéficie pas de la protection de la Couronne et, en conséquence, n'a aucune obligation de loyauté à son égard; voir *Joyce* v. *D.P.P.*, [1946] A.C. 347, p. 368, les motifs de lord Jowitt, Grand Chancelier.

l'effort de guerre ni si elle doit être importante. Il semblerait raisonnable de restreindre ainsi le sens de cette expression, bien qu'au moins un tribunal canadien n'ait pas interprété ces mots si étroitement[67]. En troisième lieu, en raison du manque de limpidité des alinéas 46(1)*b*) et 46(2)*a*), on se demande si l'acte unilatéral de sécession d'une province ou d'une municipalité constituerait un fait de trahison, parce qu'il correspondrait à faire la guerre contre le Canada ou à recourir à la force en vue de renverser le gouvernement. Bien qu'il soit raisonnable de penser que ces deux articles visent le recours à la force ou à la violence en vue de réaliser la sécession, il semble moins évident que ces dispositions frappent de simples actes non violents, telles une déclaration unilatérale d'indépendance ou une loi de sécession. Néanmoins, nous estimons qu'il vaut mieux régler ces questions par la voie du processus politique plutôt que de recourir à un moyen aussi peu souple que le droit pénal.

Outre l'article 46, d'autres infractions sont mal définies dans la partie II du *Code*. Tout d'abord, l'interdiction faite à l'article 51 de commettre un acte de violence en vue d'intimider une assemblée législative est vague. Suffit-il que le présumé coupable ait eu l'intention d'effrayer les législateurs sans plus, ou doit-il vouloir les forcer à prendre ou à refuser de prendre certaines mesures? L'article 51 est muet sur ce point mais l'article 381 qui définit l'infraction générale d'intimidation, précise que l'intimidation doit être effectuée en vue d'influer sur le comportement de la victime. L'article 51 aurait dû comporter pareille réserve. Les législateurs ne sont certainement pas si craintifs que le seul fait de les effrayer, sans plus, devrait constituer un crime distinct, s'ajoutant à celui qui consiste à recourir à la violence.

Un autre exemple d'ambiguïté est fourni par l'article 71. Cet article porte sur les «exercices illégaux» mais ne comporte en réalité aucune définition de l'infraction. Cette disposition laisse au Cabinet le soin de décider de façon ponctuelle, par décret du conseil, en quoi consistera l'infraction, quand et à qui elle s'appliquera. De toute évidence, cette façon de légiférer ne convient pas en matière pénale.

Les infractions à caractère séditieux réprimées par les articles 60, 61 et 62 fournissent encore un autre exemple d'incertitude dans le *Code*. Ainsi, pour être condamné, quiconque prononce des paroles séditieuses, publie un libelle séditieux ou est partie à une conspiration séditieuse doit avoir une «intention séditieuse». Or cette expression n'est pas définie. Le paragraphe 60(4) nous dit qui est présumé avoir une intention séditieuse et l'article 61 précise qui n'est pas censé avoir une intention séditieuse mais nulle part dans le *Code* l'intention séditieuse n'est définie de façon concluante. Force nous est donc de consulter le common law qui fournit une définition tout aussi vague et incertaine[68].

---

67. Dans l'affaire *Lampel* v. *Berger*, (1917) 38 D.L.R. 47 (C.S. Ont.), le juge Mulock de la Division de l'Échiquier a laissé entendre que le fait pour une personne de verser une somme d'argent à un étranger ressortissant à une puissance ennemie et résidant en territoire neutre, compte tenu du fait que la personne savait que l'étranger enverrait une partie de la somme à sa femme et à sa famille qui vivaient toujours en territoire ennemi, constituait une aide à l'ennemi et par conséquent, une trahison.

68. *Boucher* v. *The King*, [1951] R.C.S. 265. Pour une étude des raisons expliquant l'absence de définition, voir Friedland, 1979, p. 19.

Certaines lacunes de la partie II du *Code* et de la *Loi sur les secrets officiels* sont communes. Ainsi, l'alinéa 46(2)*b*) comporte l'expression obscure «à des fins préjudiciables à la sécurité ou à la défense du Canada», alors que l'article 52 du *Code* parle d'un «dessein préjudiciable à la sécurité, à la sûreté ou à la défense du Canada» et que les articles 3, 4 et 5 de la *Loi sur les secrets officiels* emploient l'expression «dessein nuisible à la sécurité ou aux intérêts de l'État». Ces expressions ne précisent pas (1) si l'accusé doit savoir que son but est préjudiciable à la sûreté de l'État ou s'il suffit que le tribunal en décide ainsi, et (2) si l'existence d'un tel dessein préjudiciable à la sûreté de l'État est une question devant être tranchée par la Couronne dans l'exercice de sa prérogative ou par le jury.

Les réponses à ces questions ont dû être apportées par les tribunaux. Comme aucune cour canadienne ne s'est prononcée sur ces questions[69], la décision anglaise *Chandler* v. *D.P.P.*[70] fait autorité en la matière. Dans cette affaire, la Chambre des lords a décidé que pour condamner quelqu'un en vertu du paragraphe 1(1) du *Official Secrets Act* anglais de 1911, il fallait d'abord déterminer quel avait été le but immédiat de l'accusé (par opposition à son but ou à son motif ultime), puis décider si ce but était préjudiciable à ce que la Couronne, dans l'exercice de sa prérogative, considérait être l'intérêt de l'État. Néanmoins, le récent acquittement de Clive Ponting par un jury anglais[71], remet en cause l'applicabilité de cette règle parce qu'en définitive, la décision du jury revenait à dire que ce que le gouvernement considère être préjudiciable aux intérêts de l'État ne l'est pas nécessairement.

Quels que soient les mérites de la décision rendue par la Chambre des lords pour résoudre les ambiguïtés de l'expression «dessein préjudiciable» de manière à permettre l'exercice de la prérogative de la Couronne, il semblerait que depuis l'adoption de la Charte et la décision rendue par la Cour suprême du Canada dans l'affaire *Operation Dismantle* c. *La Reine*[72], cette solution facile ne puisse être appliquée au Canada parce que l'exercice de la prérogative royale y est assujetti au contrôle des tribunaux. Selon l'affaire *Operation Dismantle*, une personne accusée d'avoir communiqué des renseignements secrets à un État étranger en vertu de l'alinéa 46(2)*b*) du *Code* ou de l'article 3 de la *Loi sur les secrets officiels* pourrait alléguer que le gouvernement se trompe en prêtant à son but un caractère préjudiciable parce que les principes sur lesquels il se fonde pour tirer cette conclusion transgressent les droits et libertés garantis par la Charte. La signification de l'expression «dessein préjudiciable» demeure donc tout à fait nébuleuse au Canada.

---

69. La question a été examinée de façon superficielle dans *Rose* v. *The King*, (1946) 88 C.C.C. 114, p. 154-156, où le tribunal a déclaré que l'existence d'un dessein préjudiciable était une question de fait qu'il appartient au jury de trancher. Toutefois, il n'est pas certain que ce soit au jury qu'il revient de déterminer ce qui est préjudiciable, aussi bien que de déterminer si l'accusé avait effectivement un dessein préjudiciable.

70. [1962] 3 All E.R. 142 (Chambre des lords).

71. L. Plommer, «U.K. Civil Servant Found Not Guilty of Secrecy Breach», *The Globe and Mail*, le 12 février 1985, p. 1.

72. *Operation Dismantle* c. *La Reine*, [1985] 1 R.C.S. 441, 59 N.R. 1.

Une autre incertitude est créée tant dans le *Code* que dans la *Loi sur les secrets officiels* par l'emploi du critère de l'allégeance à l'égard de Sa Majesté pour déterminer le domaine d'application du régime des infractions contre l'État aux délits commis à l'étranger (voir le paragraphe 46(3) du *Code* et l'article 13 de la *Loi sur les secrets officiels*). Dans quelles circonstances y a-t-il un devoir d'allégeance et sur qui pèse ce devoir sont des questions auxquelles il n'est pas facile de répondre. La jurisprudence apporte certaines solutions. La seule décision portant sur le sujet est l'étonnante affaire «Lord Haw Haw»[73], dans laquelle un citoyen américain qui vivait en Allemagne et avait diffusé de la propagande nazie avait été jugé lié par un devoir d'allégeance au roi d'Angleterre parce qu'il avait obtenu un passeport britannique et ne s'en était jamais départi.

Bien que ce jugement soit allé trop loin, et s'explique par le climat tendu qui régnait dans l'Angleterre d'après-guerre, c'est trop restreindre la portée du régime des infractions contre l'État que d'en limiter l'application aux citoyens canadiens en ce qui concerne les délits commis à l'étranger. Qu'en serait-il des immigrants reçus et autres ressortissants étrangers autorisés à vivre au Canada et jouissant de la protection de l'État? S'il ne fait pas de doute que leur responsabilité pénale soit engagée s'ils commettent ces actes au Canada, tandis qu'ils sont protégés par l'État, pourquoi pourraient-ils le faire impunément lorsqu'ils sont à l'étranger? Plutôt que d'avoir recours au concept artificiel de l'allégeance, le législateur devrait peut-être plutôt mettre l'accent sur le principe qui sous-tend l'imputabilité des infractions contre l'État commises à l'étranger. La solution réside dans la notion de réciprocité par laquelle, en échange de la protection accordée par l'État, une personne est tenue de ne pas accomplir d'actes susceptibles de mettre en péril la sécurité de l'État. Nous examinerons plus attentivement ce concept de réciprocité dans le chapitre suivant.

Enfin, certaines dispositions de la *Loi sur les secrets officiels* suscitent des problèmes précis. Pour illustrer notre propos, deux exemples suffiront. En premier lieu, il est difficile de déterminer si la Loi doit s'appliquer seulement aux renseignements officiels et secrets ou à n'importe quel genre de renseignements. Les termes mêmes de la Loi, notamment dans sa version anglaise, apportent des solutions contradictoires. L'étude de l'évolution de la Loi indique que ce texte ne devait pas viser les seuls renseignements officiels et secrets, et les mots anglais *secret official* ne devaient pas qualifier toute la liste du matériel protégé mais seulement les deux premiers éléments, à savoir un chiffre (*code word*) ou un mot de passe (*password*)[74]. En revanche, le titre de la Loi ajouté

---

73. *Joyce* v. *D.P.P.*, [1946] A.C. 347 (Chambre des lords).

74. Au Royaume-Uni, les mots *secret official* ne figuraient ni dans la loi de 1889, ni dans celle de 1911. En fait, ils ont été ajoutés dans une annexe de la loi de 1920, où le changement était qualifié de [TRADUCTION] «détail mineur» (*Official Secrets Act*, 1920, art. 10). Personne n'a prétendu que l'addition de ces mots avait eu pour but de modifier l'effet de la loi de 1911. Cette loi avait été introduite notamment pour réprimer l'activité des agents allemands qui se livraient ouvertement à la collecte de renseignements qui, par ailleurs, n'étaient manifestement ni secrets, ni officiels (des croquis des installations portuaires, par exemple). Voir Williams, 1965, p. 23-24; Bunyan, 1976, p. 7-8. Lorsque le Canada a adopté la *Loi concernant les secrets officiels* en 1939, rien n'indiquait que l'on avait voulu s'écarter des règles établies par les lois britanniques de 1911 et de 1920.

au fait qu'en anglais l'expression *secret official* figure au début de la liste des renseignements protégés («*secret official* code word, or password, or any sketch, plan, model, article, or note, or other document or information»), font croire que seuls les renseignements secrets et officiels devaient être protégés par la Loi. Pour se convaincre de l'ampleur du problème, il suffit de savoir que la Cour d'appel du Québec a jugé que la protection ne s'étendait qu'aux renseignements secrets et officiels[75], alors que le comité Franks a conclu que la loi anglaise était beaucoup plus large car les mots *secret and official* se rapportaient seulement à l'expression *code word or password* et non pas aux autres documents énumérés[76]. De toute évidence, cette question est si importante qu'il appartient au Parlement et non aux tribunaux de la régler.

Le dernier problème (tout aussi insoluble) relatif à l'ambiguïté est créé par l'article 8 de la *Loi sur les secrets officiels*, qui réprime de façon plutôt hermétique le fait «d'omettre ou de refuser volontairement de dévoiler à un agent de police supérieur» certains renseignements concernant des personnes soupçonnées d'être des espions. L'expression «omet ou refuse volontairement de dévoiler» est ambiguë. Impose-t-elle le devoir positif de transmettre les renseignements à l'agent de police supérieur ou oblige-t-elle simplement la personne qui possède ces renseignements à les divulguer si elle est questionnée? Il est évident que cette obligation exceptionnelle d'informer la police sur des criminels présumés devrait être rédigée de façon non équivoque pour que les citoyens connaissent l'étendue de leur responsabilité pénale.

II. Sur le plan du contenu

A. Des lois vieillies qui ne relèvent d'aucun principe

Quant au fond, nous examinerons d'abord le fait que les auteurs de ces deux minicodes n'ont pas reconnu les valeurs qui sous-tendent ces infractions et n'ont pas modernisé les dispositions pour les rendre conformes à l'évolution de ces valeurs au fil des ans. Les exemples les plus évidents se trouvent dans la partie II du *Code criminel*.

Le langage et l'agencement des dispositions de l'article 46 du *Code*, en fait l'infraction de trahison en ce qu'elle a d'essentiel, accuse de l'âge. En effet, l'article 46 est formulé dans une langue figée, issue du premier texte législatif adopté en 1351. Il suffira de fournir trois exemples pour illustrer notre propos. En premier lieu, en dépit de six cents ans d'évolution politique tant en Angleterre qu'au Canada, et au terme de

---

75. *Boyer* v. *The King*, [1948] B.R. 829 (sommaire), 94 C.C.C. 195. Voir aussi l'affaire *R.* v. *Biernacki*, (1962) C.S.P. Montréal, n° 500-01-5368. Voir enfin l'affaire *Spencer*, qui fait l'objet d'un commentaire dans Canada, Commission d'enquête quant aux plaintes formulées par George Victor Spencer, 1966, et l'affaire *R.* v. *Toronto Sun Publishing Limited*, (1979) 24 O.R. (2d) 621 (C. Prov.).

76. Departmental Committee ... (R.-U.), 1972, annexe III, p. 125.

laquelle le pouvoir et l'importance de la monarchie ont été complètement éclipsés par le Parlement, l'article 46, la principale infraction contre l'État, reprend néanmoins la formulation initiale du *Statute of Treasons*, à savoir «tue ou tente de tuer Sa Majesté». En deuxième lieu, l'expression archaïque *levies war* employée dans la version anglaise de l'alinéa 46(1)*b*) est directement inspirée du *Statute of Treasons* de 1351. Non seulement cette expression est désuète mais elle est utilisée dans un sens qui n'est pas courant. Elle ne signifie pas une véritable déclaration de guerre par un État étranger ennemi (ce qui ne constitue sûrement pas un acte de trahison de toute façon), comme pourrait l'entendre le lecteur moderne, mais plutôt la simple insurrection ou rébellion menée par des Canadiens[77]. En troisième lieu, des dispositions spéciales relatives à l'intention de commettre une trahison et à son extériorisation par un acte manifeste (al. 46(2)*d*) et *e*)) ont pour origine le souci médiéval d'incriminer la tentative de trahison[78]. À cette époque, il n'y avait pas encore de règle générale de droit relative à la tentative. Il fallait donc prévoir que le fait de conspirer la mort du roi ou de l'imaginer était en lui-même un acte de trahison[79]. Mais comme de nos jours l'article 24 du *Code* réprime la tentative de commettre toute infraction, ces règles spéciales sont à la fois anachroniques et superflues.

L'infraction de sédition fournit un autre exemple de disposition vieillie qui ne relève d'aucun principe. À l'origine, le crime de sédition devait frapper ceux qui critiquaient et tournaient en dérision l'autorité politique. Comme l'a fait remarquer Stephen[80], la création de ce délit résultait tout naturellement de l'opinion, un temps répandue, voulant que les chefs d'État étaient des personnages supérieurs et sages qui s'acquittaient d'une mission divine sans avoir de compte à rendre au commun des mortels. Avec l'établissement de la démocratie parlementaire au dix-neuvième siècle, il devint impossible de concevoir plus longtemps le rôle du gouvernement comme celui du maître infaillible du pays. Le gouvernement était désormais considéré comme un serviteur, et les citoyens avaient le droit absolu de critiquer et même de dissoudre leur gouvernement[81]. En effet, il est essentiel pour la survie d'une démocratie parlementaire comme le Canada que les citoyens puissent débattre aussi librement que possible des questions politiques, économiques et sociales. Cette nécessité a été reconnue par les tribunaux[82]. Aujourd'hui, la *Charte canadienne des droits et libertés* apporte des garanties supplémentaires au chapitre de la liberté d'expression politique (art. 2 et 3). N'est-il pas étonnant alors que notre *Code criminel* contienne encore l'infraction de sédition qui vise précisément à supprimer cette liberté? Dans l'affaire *Boucher*[83], la Cour suprême du Canada a tenté

---

77. Voir Mewett et Manning, 1985, p. 434.

78. Hale, 1736, p. 107-119 et 613; Fletcher, 1978, p. 205-218.

79. Les règles générales en matière de tentative ont été élaborées plus tard par la Chambre étoilée, à la faveur de décisions comme *The Case of Duels*, (1615) 2 State Trials 1033, et ont été reprises ultérieurement par la Cour du Banc du Roi dans les affaires *R.* v. *Scofield*, (1784) Cald. Mag. Rep. 397 et *R.* v. *Higgins*, (1801) 2 East 5, 102 E.R. 269. Pour une étude de ce processus d'évolution, voir Canada, CRDC, 1985b.

80. Stephen, 1883, p. 298-395.

81. *Id.*, p. 299-300.

82. *Boucher* v. *The King*, [1951] R.C.S. 265, p. 288, le juge Rand; *Saumur* v. *City of Quebec*, [1953] 2 R.C.S. 299; *Switzman* v. *Elbling and Attorney-General of Quebec*, [1957] R.C.S. 285, 7 D.L.R. (2d) 337; *Reference re Alberta Statutes*, [1938] R.C.S. 100.

83. [1951] R.C.S. 265.

d'atténuer cette incohérence en interprétant étroitement la définition de l'intention séditieuse donnée par le common law. Si l'on adopte cette définition étroite, l'existence d'une infraction distincte de sédition ne semble plus nécessaire car la seule conduite qu'elle frapperait pourrait tout aussi bien être réprimée par l'incitation (art. 422 du *Code*), le complot (art. 423 du *Code*), l'outrage au tribunal ou la propagande haineuse (art. 281.1 et 281.2 du *Code*). Il est évident qu'une réforme *législative* s'impose également dans ce domaine.

Autre indice de vieillissement : la subsistance dans le *Code* de l'infraction qui consiste à inciter un membre de la Gendarmerie royale du Canada à déserter et à l'aider ou à le cacher (art. 57). Depuis sa création en 1873, la Gendarmerie royale du Canada, de par son personnel, sa structure et son orientation, a toujours eu un caractère plutôt militaire (ses membres sont investis en plus des pouvoirs des agents de la paix) à la différence de la police civile ordinaire[84]. C'est probablement pourquoi il avait été jugé nécessaire d'incriminer le fait d'aider un déserteur de la Gendarmerie royale du Canada, pour faire pendant à l'infraction qui frappe ceux qui aident les déserteurs des forces armées (actuellement l'article 54). Cependant, au cours des années, le caractère civil de la Gendarmerie royale du Canada s'est de plus en plus affirmé, et il semble qu'il ne convienne plus de lui accorder une protection spéciale (art. 57) alors qu'elle est refusée aux autres forces de police comme la police provinciale du Québec et de l'Ontario qui s'acquittent des mêmes tâches que la Gendarmerie royale du Canada dans d'autres provinces[85].

Les deux derniers exemples que nous apportons pour illustrer cette catégorie de lacunes ne sont pas tant des cas où les règles sont vieilles mais où elles ne s'appuient sur aucun principe. Citons le cas de la prescription pour intenter des poursuites en cas de trahison : le délai est fixé à seize jours si le fait de trahison a été manifesté par des paroles et à trois ans s'il s'agit du recours à la force pour renverser le gouvernement (art. 48 du *Code*). Nous présumons qu'à l'origine l'un des objectifs de la prescription de seize jours était d'éviter les difficultés soulevées par l'impossibilité dans laquelle se trouvaient les témoins de se rappeler les paroles de trahison qu'ils avaient entendues. Toutefois aujourd'hui, avec les moyens d'enregistrement électroniques, cette justification perd beaucoup de sa force et, de toute façon, on ne peut invoquer aucun motif similaire pour justifier le délai de trois ans. Cette raison étant de nos jours écartée, la subsistance de ces dispositions signifie de deux choses l'une : ou la conduite (la trahison) reprochée n'est pas véritablement criminelle parce qu'à la différence des autres délits, elle perd son caractère répréhensible par le simple écoulement d'un court laps de temps, ou bien la trahison est un délit politique qui perd son caractère criminel lorsque le pouvoir change de camp. Cette deuxième possibilité est d'ailleurs très bien formulée dans le vieil adage anglais suivant :

Treason doth never prosper:
What's the reason?
For if it prosper,
None dare call it treason[86].

---

84. Canada, Commission d'enquête ..., 1981, p. 49 et s.

85. *Id.*, p. 50.

86. Sir John Harington, *Epigrams*, livre IV, n° 5, «Of Treason».

Mais s'il convient d'incriminer un acte, surtout s'il est puni de l'emprisonnement à perpétuité comme la trahison, ne s'ensuit-il pas qu'il ne devrait pas perdre son caractère criminel pour la simple raison qu'un certain temps s'est écoulé (et certainement pas un délai aussi court que seize jours) ou que les chefs politiques ont changé?

Le dernier exemple d'une règle de droit ne relevant d'aucun principe est tiré de la *Loi sur les secrets officiels*. La Loi frappe à la fois l'espionnage ainsi que les délits connexes *et* les abus de confiance commis par les employés de la Couronne sans établir de distinction entre les deux. Il y a certainement des cas où un fonctionnaire se sert de la cote de sécurité qui lui a été attribuée pour obtenir des renseignements secrets et les communiquer à un État étranger mais tous les cas d'abus de confiance ne sont pas nécessairement des affaires d'espionnage international. Pourtant la *Loi sur les secrets officiels* réserve toujours au fonctionnaire trop loquace et à l'agent secret le même traitement : ils peuvent tous deux être accusés en vertu du même article (art. 4), la peine est la même et, plus important encore, le redoutable stigmate attaché à la poursuite fondée sur la *Loi sur les secrets officiels* est le même car le public et les médias ne peuvent savoir s'il s'agit d'un cas d'espionnage délibéré ou de la rétention d'un document par insouciance[87].

B. Extension injustifiée du domaine de la loi pénale

Au terme de cette revue des problèmes suscités par les infractions actuelles contre l'État, le lecteur aura sans doute remarqué que l'une des lacunes les plus graves est le fait que de nombreuses infractions dépassent les limites acceptables du domaine du droit pénal. Quelques exemples confirmeront cette impression.

Certains cas ont déjà été signalés. Tout d'abord, le critère de la négligence pour l'espionnage qualifié de trahison à l'alinéa 46(2)*b* ne convient absolument pas à une infraction punie d'emprisonnement à perpétuité. Ensuite, l'infraction de sédition porte atteinte aux droits d'expression fondamentaux. Enfin, il semble excessif de faire figurer dans le *Code criminel* l'infraction qui consiste à conseiller à un membre de la Gendarmerie royale du Canada de déserter.

Il y a d'autres exemples d'extension injustifiée du domaine de la loi pénale. Outre le fait de traiter les fonctionnaires distraits et les espions ennemis de la même façon, la *Loi sur les secrets officiels*, d'après l'interprétation donnée par la jurisprudence anglaise

---

87. À titre d'exemple, on peut citer le cas de Peter Treu, qui avait été accusé d'avoir retenu sans droit des documents de l'O.T.A.N. et de ne pas avoir pris de précautions raisonnables à leur égard, aux termes des alinéas 4(1)*c* et 4(1)*d* de la *Loi sur les secrets officiels*. Le fait que le procès ait eu lieu à huis clos n'a fait qu'ajouter au mystère entourant l'affaire. Treu a finalement été acquitté par la Cour d'appel du Québec (J.E. 79-206, (1979) 49 C.C.C. (2d) 222), mais la controverse suscitée par les poursuites intentées contre lui subsiste encore aujourd'hui.

du moins, ne contient aucune restriction concernant le fait matériel, l'essentiel de l'infraction ni l'intérêt public[88]. En outre, le texte d'incrimination est si large que ce serait un crime de dévoiler combien de tasses de thé ont été consommées au cours d'une semaine dans un ministère[89]!

Citons encore l'alinéa 50(1)*a*) qui frappe ceux qui aident un ressortissant ennemi à quitter le Canada sans le consentement de la Couronne. Cette disposition s'applique seulement en temps de guerre ou lorsque les forces canadiennes sont engagées dans des hostilités. Même cette conduite ne semble pas être assez grave pour figurer au rang des infractions criminelles[90], et pourrait certainement être réprimée par les règles sur les mesures de guerre au lieu d'encombrer le *Code*.

Toujours au chapitre de l'extension injustifiée du domaine pénal, il convient d'examiner la création d'infractions frappant le défaut de dénoncer aux autorités une conduite suspecte. L'alinéa 50(1)*b*) du *Code* réprime le fait de ne pas informer les autorités ou de ne pas empêcher la commission d'un acte de trahison prévisible. L'article 8 de la *Loi sur les secrets officiels* incrimine le fait de ne pas dévoiler à un agent de police les renseignements que l'on peut fournir à l'égard d'une personne soupçonnée d'être sur le point de commettre ou d'avoir commis une infraction prévue par la Loi. En droit pénal, aucune autre règle, même pas celles relatives au meurtre, ne prévoit l'obligation de prévenir les autorités lorsque des crimes sont sur le point d'être commis. Il n'y a pas non plus d'obligation générale d'empêcher la commission d'autres crimes graves. Les Canadiens sont peut-être maintenant disposés à assumer l'obligation générale d'empêcher que des lésions corporelles graves ne soient infligées à autrui[91], mais il n'est pas évident qu'ils soient prêts à accepter la responsabilité supplémentaire d'aider de façon active la police à combattre ceux qui commettent les divers crimes contre l'État. En effet, on peut au moins soutenir que l'existence même de ces dispositions exceptionnellement coercitives ne font qu'exacerber le scepticisme du public à l'égard de ces délits dont on se demande si en réalité ils ne constituent pas des «crimes politiques» destinés à servir à tout prix les intérêts du parti au pouvoir. Néanmoins, certains (mais pas tous) des crimes réprimés par l'alinéa 50(1)*b*) du *Code* et l'article 8 de la *Loi sur les secrets officiels* comportent un risque si grave pour l'État dans son ensemble qu'il convient peut-être dans ces cas d'étendre les devoirs pesant sur le simple citoyen. Dans le chapitre suivant, nous devrons aborder la question de savoir s'il est réellement nécessaire d'imposer ce genre d'obligation, même si elles sont strictement limitées, pour protéger les intérêts légitimes de l'État.

---

88. Departmental Commitee ... (R.-U.), 1972, par. 17.

89. Williams, 1978, p. 160-161; l'auteur fait référence à une boutade de l'ancien procureur général britannique, sir Lionel Heald, c.r.

90. Voir, par exemple, *R*. v. *Snyder*, (1915) 24 C.C.C. 101 (C.A. Ont.); *Re Schaefer*, [1919] B.R. 35, (1918) 31 C.C.C. 22.

91. Canada, CRDC, 1985.

Le dernier exemple d'extension injustifiée du domaine pénal est le fait d'avoir inséré dans le *Code* les crimes relatifs à la discipline dans les Forces armées canadiennes. Trois infractions de ce genre sont prévues : incitation à la mutinerie ou à la trahison (art. 53), entrave ou diminution de la fidélité ou de la discipline (art. 63) et aide ou abri fourni à un déserteur (art. 54). Seule la commission de ces actes en temps de guerre ou d'insurrections accompagnées de violence serait suffisamment grave pour justifier la répression de ces conduites par la loi pénale, et même alors, elles relèveraient plus d'une législation sur les mesures de guerre que du *Code*. En temps de paix, le fait de cacher un déserteur (art. 54) est un acte trop inoffensif pour être considéré criminel. Quant aux articles 53 et 63, les exigences de l'intérêt public concernant l'expression des opinions par les citoyens devraient l'emporter sur l'inviolabilité de la discipline des forces armées.

C. Violation de la *Charte canadienne des droits et libertés*

Non seulement les infractions actuelles contre l'État sont vieillies, complexes, répétitives, vagues, incohérentes, trop extensives et ne relèvent d'aucun principe, mais tout porte à croire que certaines d'entre elles contreviennent en plus aux dispositions de la *Charte canadienne des droits et libertés*. Deux principaux sujets de préoccupation retiennent l'attention : la possibilité d'une limitation inconstitutionnelle de la liberté d'expression par ailleurs garantie par l'alinéa 2*b*) de la Charte et la transgression éventuelle de l'alinéa 11*d*) qui consacre le droit de tout inculpé d'être présumé innocent tant qu'il n'est pas déclaré coupable.

Les infractions à caractère séditieux prévues par les articles 60, 61 et 62 du *Code* sont probablement incompatibles avec la liberté d'expression. Bien que celle-ci ne soit pas illimitée[92] (les paroles prononcées en vue d'inciter quelqu'un au crime ne sont manifestement pas protégées), il se peut que les tribunaux décident que les limitations de la liberté d'expression imposées par les infractions à caractère séditieux dépassent des «limites qui soient raisonnables» au sens de l'article 1 de la Charte. Au moins

---

92. *Boucher* v. *The King*, [1951] R.C.S. 265, p. 277; voici un extrait des motifs du juge en chef Rinfret :

[TRADUCTION]

Avant d'en finir avec le présent appel, cependant, j'aimerais signaler qu'il est à la fois faux et dangereux de confondre liberté et licence. Il va sans dire que la simple critique et l'expression d'opinions, si sévères ou extrêmes soient-elles, doivent, si j'ose dire, être encouragées. Cependant, comme on l'a dit ailleurs, «il doit exister un point à partir duquel la restriction de la liberté d'expression individuelle est justifiée et nécessaire en raison du bon sens, d'une part, et d'autre part, en raison du processus démocratique et des nécessités de la situation actuelle». On ne devrait pas interpréter les paroles de cette cour — le tribunal de dernière instance en matière pénale au Canada — comme signifiant que les ressortissants du Canada «peuvent prétendre à un soi-disant droit illimité de dire ce qu'ils veulent quand ils le veulent, sans aucun égard pour le mal souvent inévitable qui en résulte».

L'article 1 de la Charte prévoit lui-même que des limites «raisonnables» peuvent être imposées à la liberté d'expression; voir Manning, 1983, p. 205.

deux motifs peuvent être invoqués à l'appui de cette conclusion. En premier lieu, la liberté de critiquer le gouvernement et d'exprimer ses opinions politiques est essentielle à l'exercice efficace du droit démocratique de voter garanti par l'article 3 de la Charte[93]. En deuxième lieu, les infractions incriminées sont si vagues qu'elles paralysent inutilement toute tentative d'expression légitime[94].

Quant au droit de l'inculpé d'être présumé innocent garanti par l'alinéa 11d) de la Charte, il est probablement battu en brèche par l'inversion du fardeau de la preuve qui pèse sur l'accusé tenu d'établir qu'il n'avait pas l'intention, par ses actes, d'aider un État ennemi (al. 50(1)a) du *Code*). Quoique le sens exact de l'alinéa 11d) n'ait pas encore fait l'objet d'une décision de la Cour suprême, deux tribunaux d'appel ont récemment précisé davantage le domaine d'application de l'article. Dans l'un de ces jugements, *R*. v. *Carroll*[95], la Cour suprême de l'Île-du-Prince-Édouard a décidé que l'article 8 de la *Loi sur les stupéfiants* transgressait l'alinéa 11d) de la Charte. Elle a appliqué le critère suivant : un fardeau de persuasion obligeant la cour à condamner l'inculpé à moins qu'il ne réfute la présomption selon la prépondérance des probabilités plutôt qu'en faisant simplement naître un doute raisonnable, est incompatible avec l'alinéa 11d). Dans la deuxième affaire, *R*. v. *Oakes*[96], la Cour d'appel de l'Ontario s'est rangée à cet avis en invoquant un critère un peu plus sévère : un article prescrivant l'inversion du fardeau de la preuve contreviendra aux dispositions de la Charte s'il n'y a pas de lien logique entre les faits véritablement prouvés et les faits devant être présumés. Il est raisonnable d'affirmer que l'alinéa 50(1)a) du *Code* ne résisterait pas aux critères appliqués par ces tribunaux pour déterminer la constitutionnalité d'une disposition.

Il se peut que les nombreuses présomptions de l'article 3 de la *Loi sur les secrets officiels* transgressent aussi l'alinéa 11d). Elles ont été examinées par la Cour d'appel de l'Ontario et leur portée a été restreinte bien avant l'adoption de la Charte. Dans l'affaire *R*. v. *Benning*[97], le Ministère public a tenté de fonder une accusation portée en vertu de l'alinéa 3(1)c) de la *Loi sur les secrets officiels* sur les présomptions des paragraphes 3(3) et (4) et sur le simple fait que l'accusé avait eu des relations sociales avec un agent étranger. La Cour d'appel de l'Ontario a rejeté la thèse voulant que ces présomptions puissent servir à prouver tous les éléments de l'infraction. Le juge en chef Robertson a décidé qu'en dépit des paragraphes (3) et (4), l'accusé devait être présumé innocent jusqu'à ce que le Ministère public prouve qu'il avait dans les faits

---

93. Pour une liste des décisions antérieures à la Charte où l'on avait déjà adopté ce point de vue, voir *supra*, note 82. Voir aussi *Yates* v. *U.S.*, 354 U.S. 298 (1957). Dans l'affaire *Re Jolivet and R.*, (1983) 7 C.C.C. (3d) 431, p. 434-435, le juge Taylor, traitant du droit de vote sanctionné à l'article 3 de la Charte, a déclaré ce qui suit : [TRADUCTION] «Je pense que la Charte, et en particulier l'adoption, à l'article 1, de la ‹société libre et démocratique› comme modèle constitutionnel, est venue confirmer que la discussion et le choc des idées sont à la base même du processus électoral».

94. Cet argument a été utilisé aux États-Unis. Voir *Winters* v. *New York*, 333 U.S. 507 (1948); *Connor* v. *Birmingham*, 257 A.L.A. 588 (1952); *Scull* v. *Virginia ex rel. Committee on Law Reform and Racial Activities*, 359 U.S. 344 (1959).

95. (1983) 4 C.C.C. (3d) 131 (C.A. Î.-P.-É.).

96. (1983) 2 C.C.C. (3d) 339 (C.A. Ont.), appel à la Cour suprême rejeté le 28 février 1986 (décision non publiée à ce jour).

97. [1947] 3 D.L.R. 908 (C.A. Ont.).

commis le crime imputé. Selon le juge Robertson, si le Parlement avait voulu faire peser sur l'accusé le fardeau de prouver son innocence dès lors que le Ministère public prouve qu'il a été en communication avec un agent d'une puissance étrangère, il aurait exprimé clairement cette intention. Cette conclusion semble faire fi de l'intention assez évidente du Parlement au moment de l'adoption de ces dispositions mais le résultat est digne de louanges puisque le tribunal a su efficacement atténuer l'effet des présomptions de l'article 3. Enfin, si les affaires *Carroll* et *Oakes* sont des indices de l'interprétation qu'il faut donner à l'alinéa 11*d*), il semblerait que les présomptions de l'article 3 ne résisteraient pas à une contestation fondée sur la Charte.

CHAPITRE CINQ

Un nouveau départ

I. La gageure

Nous avons vu que les textes qui assurent actuellement la protection pénale de l'État accusent un certain retard par rapport à l'évolution constitutionnelle du Canada, en ce qu'ils attachent une importance démesurée à la monarchie, au détriment de certains droits politiques importants. Sur le seul plan de la forme, les dispositions sont complexes, incohérentes et vagues. Certaines d'entre elles sont formulées dans une langue archaïque ou ne présentent que très peu d'intérêt.

Pourtant, en dépit des défauts qui marquent les dispositions actuelles, notre société ne saurait se passer des dispositions réprimant les atteintes portées à la sûreté de l'État. En effet, les conduites qui constituent les plus graves de ces crimes compromettent à leur base même la sécurité et le bien-être de l'État canadien et de ses habitants.

Les problèmes que nous avons mis au jour au précédent chapitre indiquent que même si fondamentalement, bon nombre des textes d'incrimination actuels ne sont pas sans mérite, la forme et le détail des dispositions appellent une réforme devenue urgente, à tel point qu'il semble plus approprié de repartir à neuf, c'est-à-dire de reformuler les infractions à la lumière des principes fondamentaux applicables au contexte canadien actuel.

II. Le fondement de la protection pénale de l'État : les obligations réciproques de l'État et des citoyens

Le contexte canadien actuel correspond à (1) une société organisée en (2) un État (3) de nature démocratique. Ces trois concepts sont la clé du principe qui sous-tend la protection pénale de l'État, et à ce titre, ils méritent que l'on s'y attarde quelque peu.

De portée assez fluide, le terme «société» désigne, de façon générale, un groupe d'êtres humains liés entre eux pour leur survie et leur perpétuation, et partageant des institutions et une culture qui leur sont propres. Le concept évoque la continuité et des relations sociales complexes à grande échelle[98].

---

98. Aberle *et al.*, 1950, p. 101.

Vient ensuite le mot «démocratie» qui, étymologiquement, désigne la souveraineté exercée par le peuple. Cependant, dans l'usage contemporain, il comporte plusieurs acceptions. Parmi elles, celle qui décrit le plus justement le régime canadien est la suivante : il s'agit d'une forme de gouvernement dans laquelle le droit de prendre des décisions politiques est exercé par les citoyens, par l'entremise de représentants choisis par eux et responsables devant eux, et dans laquelle l'exercice des pouvoirs de la majorité est assujetti à des contraintes constitutionnelles destinées à garantir aux minorités la jouissance de certains droits individuels ou collectifs, telles la liberté d'expression et la liberté de religion. Cette définition correspond à la démocratie représentative ou constitutionnelle, telle qu'elle existe au Canada[99].

Enfin, la compréhension du mot «État» varie considérablement et va de l'organisation politique de la société, c'est-à-dire l'entité politique, jusqu'à l'interprétation plus étroite correspondant aux institutions qui gouvernent le pays. Par ailleurs, il évoque habituellement un territoire physique délimité par des frontières géographiques. Pris au sens large, le mot «État» peut embrasser «société» et «démocratie»[100], mais dans la présente partie du document, nous nous efforcerons de l'utiliser dans son sens plus restreint (c'est-à-dire l'ensemble des institutions qui gouvernent le pays), par opposition à la société et à la démocratie, afin d'analyser plus soigneusement les intérêts devant être protégés par le droit pénal.

Au regard des définitions que nous venons de donner, les dispositions relatives aux crimes contre l'État devraient viser avant tout la protection de l'État et de la démocratie. En soi, la société exige également des mesures de protection, mais cette question s'inscrit davantage dans le contexte des crimes contre l'ordre public (qui font actuellement l'objet d'un projet de document de travail) et sera donc exclue de notre propos. Cela dit, le concept d'«État» embrasse des aspects importants de celui de «société», de sorte que, comme nous pourrons le constater, même si les textes réprimant les infractions contre l'État sont destinés avant tout à protéger l'État et la démocratie, ils servent également, en réalité, à protéger la société canadienne dans son ensemble.

Ainsi, l'État comporte de nombreuses facettes qui doivent être protégées. Premièrement, les citoyens qui composent la société qui, à son tour, constitue l'État, devraient être à l'abri des attaques violentes, qu'elles viennent de l'extérieur ou de l'intérieur. Deuxièmement, les institutions fondamentales de l'État comme les pouvoirs législatif, exécutif et judiciaire, devraient être protégées contre la violence et les contraintes. Troisièmement, il importe de sauvegarder le caractère démocratique de l'État et de ses institutions.

Pourtant, il existe des limites à ce qui, dans un État démocratique, peut légitimement faire l'objet d'une protection pénale. Ainsi, ce serait de toute évidence aller trop loin que de recourir au droit pénal pour soustraire le gouvernement en place à l'opposition politique non violente, laquelle est l'essence même de la démocratie.

---

99. *Dictionnaire de politique*, 1979, p. 100.
100. Voir la définition que donne M. Fried du terme *state* dans Sills, 1972, vol. 15, p. 143.

Certes, l'histoire a montré qu'un tel étouffement de l'opposition politique était souvent la raison d'être des textes incriminant la trahison, la lèse-majesté et la sédition[101]. De fait, selon les tenants de la théorie du conflit, c'est là le seul but visé par les dispositions relatives aux crimes contre l'État[102]. Ces théoriciens auront eu le mérite de mettre en lumière les dangers du recours abusif au droit pénal par l'État, dangers qui, dans une large mesure, sont passés sous silence par ceux qui conçoivent la société et l'État comme le produit d'un consensus global.

Cependant, les adeptes de la théorie du conflit ne tiennent pas compte du fait qu'il existe d'autres raisons valides pour établir des textes incriminant les atteintes à la sûreté de l'État. Notamment, ils oublient que l'existence même d'un État suppose un minimum de consensus quant à la nécessité de la paix, de l'ordre et de la non-violence en général, et que les textes réprimant les crimes contre l'État peuvent légitimement servir à refléter ce consensus minimal[103].

Il va sans dire que le but premier du regroupement en société est d'établir et de maintenir un état de paix, de façon que les diverses activités de la vie puissent s'exercer sans être entravées par des actes de violence[104]. Une certaine mesure d'organisation sociale et de respect de la loi est nécessaire pour que l'État puisse fournir aux citoyens ce qui est vraiment essentiel, c'est-à-dire la paix et la liberté nécessaires à la poursuite de leurs aspirations individuelles[105]. Les lois pénales qui visent à soutenir les conditions minimales de la vie en société sont donc manifestement justifiables, et de fait, essentielles[106].

Si l'État réussit, par l'entremise de ses institutions, à assurer la paix et la liberté aux citoyens qui vivent sur son territoire, il s'établit une relation réciproque, d'une part entre les citoyens de l'État, et d'autre part entre chaque citoyen et l'État[107].

La relation réciproque entre le citoyen et l'État implique, de la part de ce dernier, la protection du premier contre les invasions violentes et l'oppression et, de la part du citoyen, l'obligation correspondante de soutenir l'État et de ne pas le trahir. Dans ces conditions, si l'État fournit cette protection au citoyen, l'acte de trahison que commet ce dernier prend un caractère coupable et mérite les sanctions du droit pénal. En revanche, si l'État ne protège pas le citoyen, s'il ne le met pas à l'abri de la violence et de l'oppression, et s'il lui donne sujet de craindre pour sa vie, le citoyen pourrait ne pas être tenu de le soutenir. De fait, dans les cas extrêmes, il pourrait être fondé à se soulever et à prendre les mesures qui s'imposent pour rétablir une société sûre et libre[108].

---

101. Pour une étude de l'historique de ces crimes au Canada, voir McNaught, 1974; MacKinnon, 1977. Pour ce qui est du Royaume-Uni, la question est bien expliquée par Stephen, 1883, p. 250-280.

102. Reedie, 1978; Brickey, dans Greenaway et Brickey, 1978, p. 6-8; Rich, 1979, p. 53-70.

103. Canada, CRDC, 1975, p. 52-53. On trouvera une explication de la théorie du consensus dans Chambliss, 1975, p. 5-6; voir aussi *Dictionnaire de politique*, 1979, p. 74.

104. Stephen, 1883, p. 241.

105. Canada, CRDC, 1975, p. 25.

106. *Id.*, p. 26; ce point de vue correspond à la théorie de Jeremy Bentham et des «utilitaristes».

107. Williams, 1948, p. 56-57; Hart, 1955, p. 185-186.

108. Hart, 1955, p. 186; Wasserstrom, 1968, p. 300-304; Hart, 1961, p. 203-207; Jenkins, 1980, p. 194 et 210.

Quant à la relation entre les citoyens, Hart en donne l'explication suivante :

[TRADUCTION]
[L']obligation politique ne prend son sens que si l'on comprend précisément de quoi il s'agit et dans quelle mesure elle diffère d'autres opérations qui sont sources de droits (consentement, promesse) et auxquelles certains philosophes l'ont assimilée. Dans ses grandes lignes, elle consiste en ceci : lorsqu'un certain nombre de personnes s'engagent dans une entreprise conjointe conformément à des règles, et acceptent ainsi de restreindre leur liberté au moment voulu, elles ont le droit d'exiger de tous ceux qui ont bénéficié du fait qu'elles se soient soumises à ces restrictions une soumission semblable. Les règles de base peuvent prévoir que les dirigeants sont habilités à employer la force pour se faire obéir, et à établir d'autres règles, ce qui engendre un corps de droits et d'obligations. Quoi qu'il en soit, les bénéficiaires ont envers les membres dirigeants de la société l'obligation morale d'obéir aux règles dans de telles circonstances, et les membres dirigeants ont le droit moral de se faire obéir[109].

Ainsi, nous voyons que les rapports qui s'établissent d'une part entre l'État et le citoyen, et d'autre part entre les citoyens, présentent un caractère réciproque et comportent des obligations de part et d'autre[110]. Si l'État manque de façon grave à son obligation de prendre les mesures nécessaires à la protection des citoyens contre les actes de violence des envahisseurs étrangers ou des rebelles, les citoyens ne peuvent plus être tenus à l'obligation réciproque de protéger et de soutenir l'État. En revanche, si l'État offre la protection nécessaire, les citoyens ont manifestement le devoir de le soutenir et de faire leur part pour le maintien de la paix. Si un citoyen choisit de trahir l'État et les autres citoyens en entraînant le pays dans une guerre ou une révolution violente, l'État et les autres citoyens ont le droit de le traiter comme un criminel.

Le bien-fondé de ces considérations théoriques pourrait être vérifié au regard de la réalité des États existants. Et il semble juste de dire que dans tout État, a fortiori dans un État démocratique, on peut constater un consensus quant à l'existence de ces obligations minimales et réciproques de l'État et des citoyens.

Dans le contexte canadien, la Constitution[111] et, en particulier, la *Charte canadienne des droits et libertés* sont venues éclairer la notion de réciprocité et fournissent certaines indications quant aux types d'activités qui, au Canada, pourraient constituer des crimes contre l'État. Notamment, ces documents attestent que le Canada est une société libre et démocratique[112]. La Charte accorde la protection constitutionnelle aux droits de participer au gouvernement et d'exprimer librement ses opinions (art. 1, 2 et 3). On peut en déduire qu'il existe certaines limites à ce que les Canadiens accepteront sur le plan des restrictions apportées à leur liberté, et qu'il existe aussi certaines limites à ce que l'État peut faire pour se prémunir contre les soulèvements violents ou les invasions.

---

109. Hart, 1955, p. 185.

110. Coke décrit cette relation de la façon suivante : «Protectio trahit subjectionem, et subjectio protectionem» — [TRADUCTION] «La protection entraîne l'allégeance et l'allégeance entraîne la protection»; Steinhaus, 1956, p. 265.

111. Canada, Ministère de la Justice, 1983.

112. Par exemple, voir le préambule et les articles 17 et suivants de la *Loi constitutionnelle de 1867*, ainsi que les articles 1, 3, 4 et 5 de la Charte.

Ainsi, même s'il est dans l'intérêt de toutes les parties de maintenir la paix au sein de l'État, les Canadiens ne sont pas prêts à payer n'importe quel prix pour cela. L'État ne pourrait légitimement, sous prétexte de maintenir la paix et de préserver sa souveraineté, interdire les débats politiques, la dissidence et l'agitation visant à opérer des changements administratifs ou constitutionnels, ou encore priver certains citoyens du droit de participer au gouvernement. Ces activités sont protégées par la Charte et font partie intégrante de la conception de la démocratie que partagent les Canadiens[113].

D'autre part, l'État serait fondé à incriminer les activités qui menacent ou qui détruisent nos institutions, dans la mesure où il agirait en conformité du consensus des Canadiens quant à l'importance de ces institutions (notre Constitution et la Charte se voulant le reflet de ce consensus), et de la notion de réciprocité entre l'État et les citoyens, telle qu'elle est comprise au Canada. Les Canadiens se sentiraient tenus de se plier aux restrictions ainsi apportées à leur liberté à condition que celles-ci soient minimales, qu'elles assurent le libre exercice de leurs droits démocratiques et qu'elles leur permettent de vaquer à leurs occupations et de poursuivre leurs buts personnels[114].

En somme, les devoirs réciproques de l'État et des sujets sont tels que pour être en droit d'imposer une obligation de fidélité et d'obéissance aux citoyens, l'État doit protéger ceux-ci et leurs institutions contre les menaces de violence provenant de l'extérieur ou de l'intérieur. Bien que la portée des textes incriminant les atteintes à la sûreté de l'État soit rigoureusement limitée par les droits et libertés des citoyens, il n'en reste pas moins que ces prohibitions sont nécessaires dans la mesure où elles servent à préserver des conditions propices à l'exercice de ces droits et libertés individuels.

III. Le nouveau régime des crimes contre l'État

Après avoir expliqué le principe qui sous-tend la prohibition des crimes contre l'État, il nous faut maintenant aborder la tâche de reformuler les textes d'incrimination.

Le chapitre quatre, que nous avons consacré aux défauts du droit positif canadien en matière de protection pénale de l'État, montre qu'une réforme est devenue urgente. Cela dit, certaines des dispositions actuelles sont d'une importance tellement fondamentale qu'elles devraient rester la base du nouveau régime. D'autres crimes qui voisinent actuellement avec les infractions contre l'État pourraient avantageusement être replacés dans d'autres parties du *Code*, ou être absorbés au sein des règles de la Partie générale. Enfin, d'autres infractions devraient être éliminées purement et simplement parce qu'elles ne présentent pas la gravité qui justifierait l'intervention du droit pénal.

---

113. *Ibid.* Voir aussi *Reference re Alberta Statutes*, [1938] R.C.S. 100, p. 132-135, les motifs du juge en chef Duff.

114. Dans ce contexte, la notion d'obligation comporte deux aspects : le reflet de la règle de droit elle-même et un jugement moral par rapport au contenu de cette règle. Autrement dit, le citoyen a le devoir moral, aussi bien que l'obligation purement juridique, d'obéir aux lois dans la mesure où elles sont justes et essentielles. Voir Smith, 1976, p. 144.

Plus précisément, le nouveau régime reprendrait le contenu des dispositions suivantes du *Code criminel* : l'alinéa 46(1)*b* (faire la guerre contre le Canada), l'alinéa 46(1)*c* (aider un ennemi en guerre contre le Canada), l'alinéa 46(2)*a* (recourir à la force ou à la violence pour renverser le gouvernement), l'alinéa 46(2)*b* (communiquer à l'agent d'une puissance étrangère ou mettre à sa disposition des renseignements militaires ou scientifiques pouvant être utilisés au préjudice du Canada), l'alinéa 50(1)*b* (omettre de dénoncer ou de prévenir la commission appréhendée d'un acte de trahison), l'article 51 (commettre un acte de violence afin d'intimider le Parlement ou une législature provinciale) et, dans une certaine mesure, l'alinéa 52(1)*a* (commettre un acte prohibé dans un dessein préjudiciable à la sécurité, à la sûreté ou à la défense du Canada).

Le nouveau régime reprendrait également l'essence de l'infraction prévue à l'article 3 de la *Loi sur les secrets officiels*, à savoir l'espionnage. De même, nous favorisons le maintien d'une infraction liée à la communication illicite de renseignements, qui s'inspirerait sur le plan du fond (mais non sur celui de la forme) des dispositions de l'article 4 de la *Loi sur les secrets officiels*.

Les nouvelles dispositions concernant les crimes contre l'État regrouperaient les infractions figurant actuellement dans la *Loi sur les secrets officiels* et dans la Partie II du *Code criminel*, en un minicode à l'intérieur de la Partie spéciale du nouveau code pénal. Cette réforme aurait pour effet d'éliminer les nombreux problèmes de chevauchement, de complexité et d'incohérence qui caractérisent la législation actuelle. En outre, l'inclusion de tous les crimes contre l'État dans le code contribuerait à rappeler, d'une part, au Parlement que seules les conduites très graves doivent être considérées comme des crimes contre l'État, et d'autre part, aux Canadiens que de tels agissements doivent être réprimés afin qu'il soit possible de maintenir la paix, l'ordre et la démocratie dans notre société.

A. Les nouveaux crimes contre l'État

(1) Le crime fondamental contre l'État : la trahison

Nous sommes en faveur du maintien du terme «trahison» pour désigner le plus grave des crimes contre l'État. En effet, ce mot est bien compris des Canadiens qui lui associent l'acte consistant à trahir son pays. Nous proposons que le nouveau crime de trahison consiste dans les actes suivants :

(1)   faire la guerre ou porter les armes contre le Canada;

(2)   aider quiconque fait la guerre ou porte les armes contre le Canada (y compris le fait de communiquer des renseignements secrets relatifs à la sécurité nationale à un État en guerre contre le Canada ou ayant engagé des hostilités contre lui, ou à l'agent d'un tel État);

(3)   recourir à la force ou à la violence en vue de renverser le gouvernement légitime du Canada ou d'une province;

(4) communiquer ou livrer à un État qui n'est pas en guerre contre le Canada, ni n'a engagé d'hostilités contre lui, ou à l'agent d'un tel État, des renseignements secrets relatifs à la sécurité nationale.

Essentiellement, les diverses formes de la trahison consisteraient dans ce qui suit :

RECOMMANDATION

1. La Partie spéciale du *Code criminel* devrait contenir un nouveau chapitre portant sur les crimes contre l'État et constitué comme suit :

(1) [Faire la guerre] Constituerait une infraction le fait intentionnel de faire la guerre ou de porter les armes contre le Canada;

(2) [Aider l'ennemi] Constituerait une infraction le fait intentionnel d'aider quiconque fait la guerre ou porte les armes contre le Canada;

(3) [Recourir à la force ou à la violence pour renverser le gouvernement] Constituerait une infraction le fait de recourir à la force ou à la violence pour renverser le gouvernement légitime du Canada ou d'une province;

(4) [Espionnage] Constituerait une infraction

a) le fait intentionnel et non autorisé de communiquer ou de livrer à un État étranger ou à son agent, des *renseignements secrets relatifs à la sécurité nationale*, si cet État n'est pas en guerre contre le Canada, ni n'a engagé d'hostilités armées contre lui; ou

b) le fait d'obtenir, de recueillir ou d'enregistrer des *renseignements secrets relatifs à la sécurité nationale* en vue de commettre l'infraction prévue à l'alinéa a).

Les crimes consistant à faire la guerre contre le Canada et à aider l'ennemi ont été formulés sur le modèle des alinéas 46(1)*b*) et *c*) respectivement. Essentiellement, la conduite prohibée consisterait à engager le Canada dans un conflit violent, ou à favoriser un tel conflit, par exemple l'invasion du Canada. Cette forme fondamentale de trahison dans des circonstances d'urgence nationale constitue clairement, de la part du citoyen qui bénéficie de la protection du Canada, une violation de son obligation de maintenir la paix au sein de l'État[115]. Comme nous le verrons plus loin, l'infraction consistant à faire la guerre contre le Canada ne pourrait être imputable qu'à la personne qui a le devoir de protéger celui-ci, et ne s'appliquerait pas aux armées étrangères. Il convient en outre de signaler que le crime consistant à aider l'ennemi est très différent de la responsabilité secondaire qu'entraîne le fait d'aider à la commission d'une infraction. Lorsqu'une personne aide un ennemi en guerre contre le Canada, elle n'aide pas à la perpétration d'un crime puisque le fait d'engager des hostilités contre le Canada ne constitue pas un crime suivant le droit interne. Par conséquent, le fait d'aider l'ennemi est une infraction en soi, tout comme celui de porter les armes contre le Canada.

---

115. *R.* v. *Casement*, [1917] 1 K.B. 98 (C.A.) (R.-U.).

L'espionnage en temps de guerre pour le compte d'une puissance ennemie est une menace aussi grande pour la sécurité de l'État que les autres formes d'aide à l'ennemi, et par conséquent, devrait être sanctionné de la même façon[116]. Cela dit, il n'est pas exclu que le fait de communiquer des renseignements non secrets à l'ennemi puisse aussi réaliser le crime d'aide à l'ennemi.

De même, le recours à la force ou à la violence en vue de renverser un gouvernement légitime représente une violation de l'obligation de maintenir la paix au sein de l'État. En outre, il s'agit d'une attaque directe contre les institutions et les principes démocratiques qui sont le fondement même du Canada[117]. La prohibition de tels actes vise davantage l'ennemi qui se trouve à l'intérieur que le traître se trouvant à l'extérieur, encore qu'il soit difficile d'établir une distinction nette entre les menaces à la sécurité nationale qui proviennent de l'extérieur et celles qui viennent de l'intérieur. Cette prohibition s'inspire des dispositions de l'alinéa 46(2)*a*) du *Code*.

De nos jours, l'espionnage constitue une menace constante à la sécurité nationale, en ce qu'il compromet à la fois la sécurité matérielle de l'État et l'intégrité de ses institutions démocratiques, même en temps de paix. Voilà la véritable trahison dans sa forme moderne. Nous proposons que la communication de secrets d'État à une puissance ennemie soit tout simplement réglée par le texte incriminant l'aide à l'ennemi, et que la communication de secrets d'État à tout autre État soit visée par les nouvelles dispositions relatives à l'espionnage.

Nous avons combiné l'essentiel des infractions d'espionnage qui figurent actuellement à l'article 3 de la *Loi sur les secrets officiels* et à l'alinéa 46(2)*b*) du *Code*. Toutefois, nous avons écarté les différents modes de perpétration énumérés dans la *Loi sur les secrets officiels*, de même que la nécessité de prouver que l'accusé avait un «dessein préjudiciable» à l'État. Désormais, l'infraction d'espionnage serait consommée par le simple fait de communiquer ou de livrer, *intentionnellement* et sans autorisation légitime, à un autre État ou à son agent, des renseignements secrets relatifs à la sécurité nationale. Il ne serait plus nécessaire de démontrer l'existence d'un dessein secondaire. Une telle réforme n'est possible que dans la mesure où nous proposons également que le texte incriminant l'espionnage repose sur un système de classification des renseignements qui soit clair et uniforme[118].

---

116. Une solution semblable a été adoptée aux États-Unis par la National Commission on Reform of Federal Criminal Laws (la Commission Brown), 1971, par. 1112(2).

117. Canada, CRDC, 1975, p. 52-53. La Commission d'enquête sur certaines activités de la Gendarmerie royale du Canada (la Commission McDonald) a mis en évidence deux aspects de la sécurité de l'État qui exigeaient une protection particulière : «la nécessité de protéger le territoire canadien contre toute attaque et, en second lieu, la nécessité de préserver et de maintenir les mécanismes d'administration démocratiques. Toute tentative en vue de renverser ces processus par la violence constitue une menace à la sécurité du Canada» (Canada, Commission d'enquête ..., 1979, p. 15, par. 38).

118. Le Cabinet du Solliciteur général s'est prononcé en faveur d'un nouveau système de classification visant à éliminer les abus très fréquents que permet le système de classification actuel. La Commission McDonald, a formulé une proposition semblable; voir les recommandations 31-38. Aux États-Unis, la Commission Brown, art. 1112 et 1114, a recommandé que les textes incriminant l'espionnage reposent sur un système de classification bien défini. À cet égard, notre position s'écarte de la recommandation 4 de la Commission McDonald, qui proposait d'interdire la divulgation de renseignements, «peu importe que ces renseignements soient accessibles ou non au public, qu'ils proviennent de sources gouvernementales ou privées, si, effectivement, leur divulgation est, ou risque d'être, nuisible à la sécurité du Canada».

Il ne nous appartient pas de faire des recommandations précises et détaillées sur la classification des renseignements. Aussi nous contenterons-nous de proposer des principes généraux qui pourraient être utiles à l'élaboration d'un tel système. Premièrement, afin d'éviter l'arbitraire, il conviendrait de soumettre le nouveau système à l'étude du Parlement. Deuxièmement, chacune des diverses catégories devrait être définie clairement, afin que soit éliminée toute incertitude quant à l'application du système. Troisièmement, des procédures uniformes devraient être établies pour la classification des renseignements, pour l'autorisation de leur divulgation et pour l'enlèvement des cotes de sécurité. Quatrièmement, afin que ces procédures soient suivies, la classification d'un renseignement donné devrait pouvoir être contrôlée par les tribunaux. Enfin, la classification d'un renseignement devrait, dans toute la mesure possible, être mentionnée sur le document contenant ce renseignement, afin que ceux qui y ont accès en soient informés.

Ainsi, l'infraction d'espionnage ne serait consommée que si les renseignements communiqués sont des «renseignements secrets relatifs à la sécurité nationale». En termes généraux, cette catégorie comprendrait toute donnée à l'égard de laquelle le secret est nécessaire dans l'intérêt de la sécurité, de la sûreté ou de la défense nationales. En cas d'accusation d'espionnage, le bien-fondé de la cote de sécurité attribuée aux renseignements en cause pourrait être contesté devant un tribunal. Et si celui-ci en venait à la conclusion que l'attribution de la cote de sécurité n'était pas justifiée, l'accusé pourrait alors alléguer ce fait pour sa défense[119].

Parce qu'il est très difficile de prendre un espion qui est en train de communiquer des renseignements secrets à un agent étranger, il est nécessaire d'incriminer aussi les actes préparatoires, et d'ériger en infraction le fait d'obtenir, de recueillir ou d'enregistrer des renseignements en vue de les communiquer. Serait ainsi visé l'acte préparatoire qui, sans constituer une «tentative» de commettre un acte d'espionnage, n'en représente pas moins une menace grave pour la sécurité nationale[120].

(2) Les crimes secondaires contre l'État

Le nouveau régime des crimes contre l'État devrait également contenir certaines infractions secondaires connexes, dont la sanction viserait aussi à promouvoir les objectifs visés par les textes réprimant les crimes plus fondamentaux. Cela correspond à l'état de la législation actuelle et nous sommes d'accord avec le principe. Cependant, nous recommandons l'élimination de l'excès de détails et de la banalité qui caractérisent actuellement certaines des infractions secondaires contre l'État.

---

119. Bien qu'il ne soit pas spécifiquement prévu par la *Loi sur les secrets officiels*, ce moyen de défense a été reconnu par le juge Waisberg de la Cour provinciale, dans l'affaire *R.* v. *Toronto Sun Publishing Limited*, (1979) 24 O.R. (2d) 621. La Commission McDonald a inclus une proposition semblable dans sa recommandation 10.

120. Notre proposition s'apparente à la recommandation 5 de la Commission McDonald, sauf qu'elle n'exige pas la preuve de la connaissance des «fins préjudiciables» auxquelles les renseignements peuvent servir.

Cinq types de conduite qui sont présentement prohibés, du moins dans une certaine mesure, méritent d'être examinés quant à la possibilité d'en faire des infractions secondaires : (a) l'emploi de la force pour contraindre les institutions de l'État, (b) le fait de tuer le souverain ou de lui infliger des lésions corporelles, (c) le sabotage, (d) l'omission de prévenir une infraction contre l'État ou d'en informer les autorités, (e) la divulgation illicite de renseignements officiels.

(a) *Le fait de contraindre les organes de l'État*

Nous avons vu qu'il existe en théorie de bonnes raisons pour ériger en infraction le fait de recourir à la force pour renverser un gouvernement légitime, mais qu'en est-il de l'acte relativement moins grave qui n'atteint pas l'ordre politique global mais qui constitue néanmoins une menace au fonctionnement des institutions de l'État? Le législateur a voulu régler cette difficulté à l'article 51 du *Code*, en incriminant les actes de violence commis en vue d'intimider le Parlement du Canada ou la législature d'une province. Même si, comme nous l'avons vu, cette disposition est pour ainsi dire inapplicable en raison de son caractère vague, son principe n'est pas sans intérêt. C'est pourquoi nous proposons de clarifier la définition de la contrainte visée et de créer une infraction dont la portée serait un peu plus vaste et embrasserait le recours à la violence ou à la force pour menacer le fonctionnement des organes de l'État, qu'il s'agisse du pouvoir judiciaire, du pouvoir exécutif ou du pouvoir législatif[121]. Nous recommandons que le texte d'incrimination s'éloigne de la notion vague d'intimidation et soit plutôt concentré sur l'objectif concret de l'acte de violence. La nouvelle prohibition pourrait être rédigée comme suit :

RECOMMANDATION (*Suite*)

(5) [Contraindre les organes de l'État] Constituerait une infraction le fait de recourir à la force ou à la violence pour contraindre un organe de l'État à prendre ou à s'abstenir de prendre une décision ou une mesure, qu'il s'agisse d'un organe fédéral ou provincial, ou encore d'un organe législatif, exécutif ou judiciaire.

(b) *L'attentat contre le souverain*

Deux autres types de conduite pourraient éventuellement être érigés en crimes contre l'État : le fait de tuer la Reine ou de lui infliger des lésions corporelles (actuellement prévu à l'alinéa 46(1)*a*) et à l'article 49 du *Code*), ainsi que le sabotage (présentement prévu à l'article 52 du *Code*). Chacun de ces types de conduite comporte deux caractéristiques dominantes qu'il convient d'analyser en vue de déterminer s'il y a lieu de les considérer comme des infractions contre l'État.

---

121. On trouve des prohibitions semblables à l'article 99 du code pénal norvégien de 1902, modifié en 1961; au chap. 18, article 1 du code pénal suédois, modifié en date du 1er janvier 1972; aux articles 395 et 396 du projet de code pénal allemand E. 1962.

Premièrement, l'attentat contre la personne du souverain présente deux caractéristiques : il menace la sécurité personnelle de la Reine et peut aussi constituer une menace pour la sûreté et la sécurité de l'État[122]. De nos jours, en raison de l'évolution de notre régime constitutionnel, il est dépassé d'identifier la sécurité physique du souverain à la sûreté de l'État. Il n'est plus possible de considérer la protection de la personne du souverain comme l'objet principal des textes incriminant les atteintes à la sûreté de l'État. C'est pourquoi nous recommandons d'exclure du nouveau régime l'attentat contre le souverain. Pour les mêmes raisons, nous ne croyons pas qu'il y ait lieu d'ériger en crime particulier contre l'État le fait de tuer une autre personnalité importante, ou de lui infliger des lésions corporelles. Les textes incriminant les voies de fait et l'homicide, ainsi que le fait d'avoir recours à la force ou à la violence pour renverser un gouvernement légitime ou encore pour contraindre les organes de l'État, peuvent sans aucun doute être utilisés pour sanctionner les crimes de violence à caractère politique. Cependant, en raison de l'importance symbolique que présente la monarchie dans l'histoire et encore de nos jours, nous proposons que le chapitre du *Code* portant sur les infractions contre les personnes prévoie spécifiquement que le fait de tuer ou d'agresser le souverain constitue un homicide ou des voies de fait aggravés, selon le cas[123].

(c) *Le sabotage*

Quant au sabotage, il présente lui aussi deux aspects principaux. En un sens, il s'agit tout simplement d'une infraction contre les biens, à laquelle vient se greffer la menace à la sécurité de l'État. De ce point de vue, il pourrait être inclus dans la partie du *Code* traitant des infractions contre les biens, en tant que forme aggravée du vandalisme ou du crime d'incendie[124]. D'un autre point de vue, cependant, le sabotage est avant tout une infraction consistant à compromettre la sécurité de l'État, l'endommagement d'un bien n'étant en réalité que le mode de perpétration et de ce fait, une question purement accessoire. Dans cette optique, le sabotage devrait figurer parmi les infractions contre l'État. C'est ainsi qu'est conçu le *Code criminel* actuel, et pour notre part, nous préconisons le maintien de cet état de choses, même si à première vue, cela peut sembler perturber l'agencement des dispositions du *Code* concernant les infractions contre les biens[125].

L'infraction de sabotage que nous proposons serait constituée comme suit :

RECOMMANDATION (*Suite*)

(6) [Sabotage] Constituerait une infraction le fait intentionnel de compromettre la sûreté, la sécurité ou la défense du Canada

---

122. Law Commission (R.-U.), 1977, p. 37-39.

123. Voir Law Commission (R.-U.), 1977, p. 39, où une solution semblable a été retenue.

124. Canada, CRDC, 1984a, p. 39; le vandalisme y est défini comme toute conduite ayant pour effet de détériorer ou de détruire un bien, ou d'altérer un bien de façon à le rendre inutile. Canada, CRDC, 1984, p. 34; suivant la définition proposée, le crime d'incendie consisterait dans toute conduite qui provoque un incendie ou une explosion entraînant la détérioration ou la destruction de biens.

125. Suivant le chapitre 105, 18 U.S. C.S., le sabotage constitue une atteinte à la sécurité nationale plutôt qu'une simple infraction contre les biens.

a) **en disposant d'une chose, en l'endommageant ou en la détruisant;**

b) **en rendant une chose inutile ou inefficace, ou en diminuant son efficacité.**

Par contre, le sabotage pourrait aussi être considéré comme une forme aggravée du vandalisme ou du crime d'incendie.

(d) *L'omission de prévenir un crime contre l'État ou d'en informer les autorités*

Vient ensuite l'infraction consistant à omettre de prévenir la commission d'un crime contre l'État ou d'en informer les autorités. Jadis, en common law, l'infraction de non-dénonciation (*misprision*) de la trahison visait justement à sanctionner ce type de conduite[126]. De nos jours, les dispositions de l'article 8 de la *Loi sur les secrets officiels* en font autant, de façon confuse, de même que celles de l'alinéa 50(1)*b*) du *Code criminel*. Malgré le caractère très singulier de cette prohibition, il y a donc lieu de bien réfléchir avant de l'écarter.

Il faut bien reconnaître que nous avons entendu de bons arguments de part et d'autre sur ce point. Certaines des personnes que nous avons consultées souhaiteraient que le devoir de prévenir ou de dénoncer la commission d'un crime soit étendu à d'autres crimes graves comme le meurtre. D'autres, arguant de l'ingérence déjà trop grande de l'État dans la liberté des citoyens, préconisent l'abolition de telles dispositions.

Après avoir soupesé ces arguments, nous avons opté pour un moyen terme. Nous recommandons que l'existence du devoir de prévenir ou de dénoncer la commission d'un crime soit limitée aux périodes de guerre. En outre, le devoir ne s'appliquerait qu'à deux infractions : celle qui consiste à faire la guerre ou à porter les armes contre le Canada, et celle qui consiste à aider quiconque fait la guerre ou porte les armes contre le Canada[127].

À notre avis, si l'inexécution de ce devoir ne pouvait être sanctionnée que dans les cas d'urgence nationale, c'est-à dire lorsque la sécurité de l'État est exposée à un danger imminent, le principe des obligations réciproques entre l'État et le citoyen serait sauf. Il va sans dire qu'en temps de guerre, le citoyen devrait avoir le devoir de prendre des mesures raisonnables pour informer les autorités de tout acte de trahison commis ou appréhendé, et pour tenter de prévenir la commission d'un tel crime lorsque la chose est raisonnablement possible.

D'autre part, il semble qu'en temps de paix, le danger que présentent pour l'État, par exemple, l'espionnage, un acte de sabotage ou même l'emploi de la force pour renverser le gouvernement, n'est pas suffisamment imminent pour justifier que l'on

---

126. *Halsbury's Laws of England*, 1976, par. 818; Law Commission (R.-U.), 1977, p. 26-27.

127. La Law Commission (R.-U.), 1977, p. 40, proposait également de limiter la portée de la prohibition au temps de guerre. Aux États-Unis, la Commission Brown, art. 1118, a proposé une infraction de portée beaucoup plus vaste consistant à recueillir ou à cacher un ennemi.

impose aux citoyens le devoir de prendre des mesures concrètes pour avertir les autorités ou prévenir la perpétration du crime. Dans de telles circonstances, le droit du citoyen de ne pas s'exposer devrait prévaloir sur l'intérêt qu'a l'État dans la répression du crime. C'est pourquoi nous ne recommandons pas l'imposition d'un devoir particulier dans ce cas. Signalons cependant que cela n'enlève rien au devoir général de secourir une personne lorsque l'on sait qu'elle fait face à un danger imminent et grave. Quoi qu'il en soit, cette question fait l'objet d'un autre document de travail intitulé *L'omission, la négligence et la mise en danger*, et déborde notre propos[128].

Assorti des modalités que nous proposons, ce devoir servirait également à combler certaines lacunes du droit actuel. Premièrement, le citoyen serait tenu d'informer les autorités même lorsque le crime a déjà été commis. Deuxièmement, en ce qui concerne le crime qui est sur le point d'être commis, nous proposons que les deux aspects du devoir, soit la prévention et la dénonciation, ne soient plus exclusifs l'un de l'autre, mais deviennent cumulatifs. Certes, dans la plupart des cas, il serait téméraire pour le commun des mortels de tenter de prévenir un crime aussi grave. Pourtant, lorsqu'une personne est en mesure de le faire sans risque pour la vie humaine, elle devrait en avoir le devoir. D'autre part, lorsqu'elle ne peut, en toute sécurité, empêcher elle-même la commission du crime, elle devrait prendre des mesures raisonnables pour en informer les autorités afin qu'elles interviennent en temps voulu. Dans un tel cas, en avertissant les autorités, la personne se serait pleinement acquittée de son devoir. Mais même lorsqu'elle tente elle-même d'empêcher la perpétration du crime, les autorités devraient en être informées. En somme, l'obligation de dénoncer un crime sur le point d'être commis devrait être remplie dans tous les cas.

En conséquence, nous proposons que l'infraction suivante soit créée :

RECOMMANDATION (*Suite*)

(7) [Omission de prévenir la trahison en temps de guerre ou d'en informer les autorités] Nonobstant toute autre disposition du présent *Code*,

> **a) commet une infraction la personne qui, sachant qu'une infraction consistant à faire la guerre ou à aider l'ennemi est sur le point d'être commise, omet de prendre des mesures raisonnables pour prévenir la commission de l'infraction alors qu'elle est en mesure de le faire sans risque grave pour elle-même ou pour autrui. Selon les circonstances, la personne peut s'acquitter de ce devoir en informant un agent de la paix que l'infraction est sur le point d'être commise;**

> **b) commet une infraction la personne qui, sachant qu'une infraction consistant à faire la guerre ou à aider l'ennemi a été ou est sur le point d'être commise, omet de prendre des mesures raisonnables pour en informer un agent de la paix dès que cela est matériellement possible.**

---

128. Canada, CRDC, 1985.

Cette proposition aurait pour effet de supplanter les dispositions de l'article 8 de la *Loi sur les secrets officiels*, et de ne créer un devoir à l'égard de l'espionnage que si cette infraction est commise en temps de guerre. Essentiellement, elle reprend les dispositions de l'alinéa 50(1)*b*) du *Code*, mais avec plusieurs différences que nous avons déjà expliquées. De même, la proposition a été rédigée de façon à être en rapport avec les limites raisonnables recommandées dans le document intitulé *L'omission, la négligence et la mise en danger*, relativement à l'obligation de secours[129].

(e) *La divulgation de renseignements officiels*

Enfin, vient la question de savoir si la communication illicite de renseignements officiels (actuellement incriminée par l'article 4 de la *Loi sur les secrets officiels*) devrait être considérée comme une infraction contre l'État. Encore une fois, des arguments de poids s'affrontent de part et d'autre.

En faveur de l'incrimination de ce type de conduite, on peut faire valoir les arguments suivants : en premier lieu, l'État dispose de nos jours de quantités énormes de renseignements qui concernent les citoyens et qui, s'ils étaient divulgués, pourraient être très néfastes pour ceux-ci[130]. De toute évidence, les fonctionnaires ne devraient pas être en mesure de profiter personnellement du fait qu'ils ont accès à ces renseignements, et l'on ne dispose que de mesures disciplinaires pour les en dissuader[131].

En second lieu, une certaine mesure de confidentialité est nécessaire au fonctionnement de l'État. Ainsi, les négociations fédérales-provinciales pourraient être compromises si les fonctionnaires étaient à même de divulguer impunément tout renseignement confidentiel. De même, on peut citer l'exemple des enquêtes criminelles qui, pour être efficaces, doivent être faites dans le secret[132]. Lorsque les enjeux sont grands, les mesures disciplinaires sont une arme peu efficace contre les fonctionnaires trop bavards.

---

129. *Id.*, p. 22; la Commission a recommandé ce qui suit :

>   6. La partie spéciale devrait énoncer que commet un crime quiconque néglige de prendre des mesures raisonnables pour porter secours à toute personne qu'il sait menacée par un danger grave et immédiat, sauf s'il ne peut le faire sans s'exposer, ou exposer autrui, à de graves dangers ou s'il existe un autre motif valable.

130. Voir, par exemple, les conclusions tirées par Brown, Billingsley et Shamai, 1980, p. 177-195.

131. Selon la Commission McDonald, p. 27, le fonctionnaire qui néglige simplement de prendre des soins raisonnables à l'égard de renseignements officiels secrets ne devrait pas engager sa responsabilité pénale à moins que sa conduite ne soit intentionnelle ou ne témoigne d'une insouciance grave à l'égard de la vie, de la sécurité ou des biens d'autrui. Dans les autres cas, une administration vigilante et la prise de mesures disciplinaires devraient suffire à réprimer de telles négligences. Pour sa part, le Departmental Committee ... (R.-U.), 1972, p. 75-76, a recommandé que la divulgation de renseignements officiels pour un profit personnel soit érigée en infraction.

132. La Commission McDonald, p. 25, a recommandé la création d'une nouvelle prohibition concernant les renseignements officiels relatifs à l'administration de la justice, dont la divulgation pourrait faciliter la perpétration de crimes, ou pourrait nuire aux enquêtes criminelles, à l'obtention de renseignements sur les activités criminelles ou à la sécurité des prisons.

D'autre part, les arguments en faveur de la déjudiciarisation de la communication de renseignements sont les suivants : premièrement, l'État n'a pas intérêt à faire usage de méthodes autoritaires pour se protéger (en dissimulant ses activités) et avoir des secrets pour le public[133]. Deuxièmement, le public a le droit de connaître tous les renseignements auxquels il peut avoir accès, et l'incrimination de la communication de renseignements cadre mal avec la politique de la liberté d'accès à l'information qui sous-tend la *Loi sur l'accès à l'information*. Troisièmement, les processus administratif (mesures disciplinaires et renvoi) et civil (injonction et action en dommages-intérêts) fournissent des remèdes appropriés à de telles situations[134]. Quatrièmement, on peut soutenir que des cas pourraient survenir où le bien-être de la nation dépendrait justement de la divulgation immédiate de renseignements tenus secrets.

Les consultations auxquelles nous avons procédé auprès d'experts du gouvernement en matière de sécurité nationale révèlent une certaine ambivalence au sujet de l'incrimination de ce type de conduite. Cela dit, on semble généralement s'entendre sur ce qui suit :

(1) Il est répréhensible de divulguer des renseignements relatifs à la sécurité nationale non seulement à une puissance étrangère, mais à qui que ce soit.

(2) Certaines politiques gouvernementales exigent, du moins à court terme, une certaine confidentialité.

(3) Certains renseignements que détient l'État et qui concernent les citoyens devraient également être gardés secrets.

Dans cette optique, nous proposons l'établissement de l'infraction suivante :

RECOMMANDATION (*Suite*)

(8) **[Divulgation illicite] Constituerait une infraction**

a) le fait intentionnel et non autorisé de divulguer ou de livrer à qui que ce soit d'autre qu'un État étranger ou son agent, des *renseignements secrets relatifs à la sécurité nationale*;

b) le fait d'obtenir, de recueillir ou d'enregistrer des *renseignements secrets relatifs à la sécurité nationale* en vue de commettre l'infraction prévue à l'alinéa a);

---

133. À titre d'exemple, citons l'incertitude dont le gouvernement a fait preuve dans l'affaire de Richard Price, le fonctionnaire qui avait divulgué un document du Cabinet faisant état de réductions budgétaires dans les programmes fédéraux concernant les autochtones. Il en va de même de l'impression créée par les poursuites intentées par le gouvernement britannique contre Clive Ponting. Voir P. Cowan, «B.C. halts charges against public servant», *The Citizen*, 6 septembre 1985, p. 1; L. Plommer, «U.K. Civil Servant Found Not Guilty of Secrecy Breach», *The Globe and Mail*, 12 février 1985, p. 1.

134. Voir Departmental Committee ... (R.-U.), 1972, p. 27-30 et 39-40.

c) **le fait intentionnel et non autorisé de communiquer ou de livrer à qui que ce soit d'autre qu'un État étranger ou son agent, des** *renseignements secrets personnels ou officiels de l'Administration*;

d) **le fait d'obtenir, de recueillir ou d'enregistrer des** *renseignements secrets personnels ou officiels de l'Administration*, **en vue de commettre l'infraction prévue à l'alinéa c).**

Pour être protégé, le renseignement devrait faire partie de l'une ou l'autre des catégories suivantes :

(1)   renseignements relatifs à la sécurité nationale;

(2)   renseignements d'ordre personnel exigeant la confidentialité dans l'intérêt de la sécurité, de l'intimité ou du bien-être financier d'une personne;

(3)   renseignements d'ordre gouvernemental exigeant la confidentialité dans l'intérêt du bon fonctionnement ou de l'élaboration d'une politique ou d'un programme de l'État.

Tout en évitant la prolixité de l'article 4 de la *Loi sur les secrets officiels*, cette proposition embrasse tous les éléments importants. Elle permet également de distinguer l'espionnage de la divulgation illicite, dont elle fait une infraction moins grave. Nous proposons en outre d'établir une distinction entre la divulgation illicite de renseignements secrets relatifs à la sécurité nationale, et la communication d'autres renseignements classifiés. Nous recommandons que la peine soit moins sévère dans le second cas puisque le danger que présente la divulgation pour la sécurité nationale est moins grave.

Nous nous permettons d'insister sur le fait que l'efficacité d'un tel mécanisme suppose que le gouvernement s'emploie à établir un système clair et bien défini de classification des renseignements, ainsi que des règles de procédure régissant l'autorisation de divulguer et l'enlèvement des cotes de sécurité lorsque la confidentialité n'est plus nécessaire[135]. En l'absence d'un tel système, le texte incriminant la divulgation illicite prêterait facilement aux abus de la part de l'État et pourrait s'avérer une menace grave pour la transparence de l'Administration[136]. Nous avons proposé trois catégories de documents : (1) les renseignements relatifs à la sécurité nationale, (2) les renseignements d'ordre personnel et (3) les renseignements d'ordre gouvernemental. Il ne nous appartient pas de proposer une définition précise pour chaque catégorie, mais nous tenons à recommander que dans chaque cas, la classification d'un renseignement donné soit justifiée par l'existence d'une menace réelle pour l'intérêt protégé en cas de divulgation au public. Comme en matière d'espionnage, la personne accusée de divulgation illicite devrait être admise à alléguer, en défense, que la classification du renseignement n'était pas justifiée.

---

135.   À la p. 50, nous avons formulé quelques principes en vue de l'établissement d'un nouveau système de classification. La Commission McDonald, p. 22-23, a montré comment les dispositions actuelles de l'article 4 de la *Loi sur les secrets officiels* prêtent aux abus. L'article 2 du *Official Secrets Act* britannique soulève des difficultés semblables. Voir Williams, 1978, p. 160-161.

136.   Voir le Departmental Committee ... (R.-U.), 1972, p. 18 et 37-39.

Ainsi, suivant la règle générale que nous proposons, la divulgation non autorisée des renseignements énumérés ci-dessus serait prohibée, quels que soient les motifs de l'informateur. Le texte d'incrimination ne comporterait aucune exception explicite pour le cas de la divulgation «bien intentionnée». Cependant, dans les cas qui s'y prêtent, l'accusé pourrait être admis à se prévaloir du moyen de défense de nécessité, suivant la définition qu'en a donnée la Commission de réforme du droit dans sa *Proposition pour un projet de code pénal*, ou plus probablement encore, à invoquer la règle générale énoncée dans cette proposition, suivant laquelle aucune responsabilité pénale n'est imputable à la personne qui bénéficie d'un moyen de défense «dont l'application s'impose au regard des principes de justice fondamentale»[137]. La situation de l'informateur bien intentionné fait partie des cas pour lesquels le projet de code pénal réserve, à juste titre, une certaine latitude aux tribunaux.

B. L'imputabilité des crimes contre l'État

Comme les dispositions régissant les crimes contre l'État reposent sur un ensemble d'obligations réciproques entre le citoyen et l'État auquel il ressortit, il s'ensuit que seule la personne tenue à ces obligations peut se voir imputer un crime contre l'État. Ainsi, le soldat étranger qui porte les armes d'une puissance en guerre contre le Canada et qui serait capturé au Canada, ne devrait pas être poursuivi au Canada pour le crime de droit interne consistant à faire la guerre contre le Canada. Il n'a en effet aucune obligation de soutenir ou de protéger le Canada. Et même s'il s'y trouve, on ne saurait prétendre qu'il jouit de la protection de l'État canadien[138].

Vient ensuite la question de l'imputabilité des crimes contre l'État aux diplomates étrangers se trouvant au Canada. Aux termes de la *Convention de Vienne sur les relations diplomatiques*[139], ils semblent échapper à la juridiction pénale de l'État accréditaire. Cela ne veut pas dire que la conduite perd son caractère criminel parce qu'elle est commise par un diplomate étranger. Cela signifie tout simplement qu'à moins d'avoir renoncé à cette immunité, le diplomate étranger ne peut être poursuivi au Canada pour une infraction au droit interne du Canada. Mais s'il est à toutes fins utiles impossible en pratique de poursuivre un diplomate étranger pour atteinte à la sûreté de l'État canadien, de tels agissements peuvent toujours être réprimés par les voies diplomatiques. Par exemple, un espion pourra être déclaré *persona non grata* au sens de l'article 9 de la Convention.

La règle générale concernant l'imputabilité des crimes contre l'État commis au Canada devrait être la suivante :

---

137. Canada, CRDC, 1985a, article 12.

138. Law Commission (R.-U.), 1977, p. 22; Commission Brown, commentaire à la p. 79.

139. *Convention de Vienne sur les relations diplomatiques* (1961), R.T.C. 1966, n° 29, article 31; voir aussi la *Loi sur les privilèges et immunités diplomatiques et consulaires*, qui donne force de loi au Canada à la majeure partie de la Convention.

RECOMMANDATION (*Suite*)

(9) **[Imputabilité générale] Sous réserve de la *Convention de Vienne sur les relations diplomatiques*, toute personne se trouvant volontairement au Canada et bénéficiant de la protection du Canada (qu'il s'agisse d'un citoyen canadien, d'un immigrant reçu, d'un visiteur, etc.) peut être poursuivie pour un crime contre l'État canadien commis au Canada.**

Dans le cas des crimes contre le Canada commis à l'étranger, l'imputabilité devrait être régie par les mêmes principes de protection et de réciprocité. Ainsi, tout citoyen canadien se trouvant à l'étranger, de même que toute autre personne qui continue à bénéficier de la protection du Canada même si elle ne s'y trouve pas matériellement, serait justiciable du Canada pour toute atteinte à la sûreté de celui-ci commise à l'étranger[140]. Cette personne devrait, a fortiori, pouvoir être poursuivie pour tout acte de trahison commis à l'étranger après une déclaration de guerre ou l'engagement d'hostilités, puisque c'est à ce moment que le Canada a le plus besoin de la loyauté de ses sujets[141].

En conséquence, nous proposons la règle générale qui suit en ce qui concerne la portée extra-territoriale des crimes contre l'État :

RECOMMANDATION (*Suite*)

(10) **[Portée extra-territoriale]**

a) **[Règle générale] Les personnes suivantes devraient pouvoir être poursuivies pour un crime contre l'État canadien commis à l'étranger :**

(i) **tout citoyen canadien;**

(ii) **toute autre personne qui continue de bénéficier de la protection du Canada.**

Des difficultés pourraient se poser dans le cas de la personne qui renonce à la citoyenneté canadienne après une déclaration de guerre ou l'engagement d'hostilités. À l'heure actuelle, l'article 18 de la *Loi sur la citoyenneté* prévoit que le gouverneur en conseil peut, dans l'intérêt de la sécurité nationale, refuser une demande de renonciation

---

140. Selon la Commission Brown, art. 1101, un crime de trahison ne devrait pouvoir être imputé qu'à un «ressortissant des États-Unis», ce terme désignant tout citoyen des États-Unis, de même que toute personne qui a son domicile aux États-Unis, à moins qu'elle ne soit visée par une exemption prévue par un traité ou le droit international.

141. Le droit américain est à cet effet. Dans l'affaire *Chandler* v. *United States*, 171 F. 2d 921 (1st Cir. 1948) la Circuit Court of Appeals a déclaré, à la p. 944, ce qui suit : [TRADUCTION] «Lorsque la guerre éclate, le devoir d'allégeance du citoyen impose des limites certaines à sa liberté d'agir selon son jugement personnel. S'il traite avec des agents ennemis tout en sachant leur allégeance, et si, connaissant leur mission hostile, il leur prête intentionnellement son aide dans les étapes essentielles à l'accomplissement de cette mission, il se trouve à avoir donné son adhésion aux ennemis de notre pays, à leur avoir apporté son aide et son soutien, au sens de notre définition de la trahison». Voir également *R.* v. *Lynch*, [1903] 1 K.B. 444 (R.-U.).

à la citoyenneté canadienne. Cette disposition pourrait s'avérer utile en temps de guerre, si une personne tentait de se soustraire à son devoir de protéger le Canada.

De même, un problème épineux se pose dans le cas du citoyen canadien qui serait également citoyen d'un État en guerre contre le Canada et qui commettrait un acte de trahison contre le Canada tandis qu'il se trouve à l'étranger. Il se pourrait qu'il ait agi en tant que membre des forces armées de la puissance ennemie dont il est également ressortissant. Dans ce cas, le refus d'agir aurait constitué un acte de trahison contre ce dernier État. Quoi qu'il en soit, les difficultés soulevées par la double nationalité que détiennent certaines personnes sont trop complexes et diverses pour être réglées par le droit pénal. Le *Code criminel* est une loi à caractère global qui ne peut énoncer que des prohibitions larges destinées à une application générale. Il serait sans doute plus judicieux de laisser à la *Loi sur la citoyenneté* le soin de régler des situations aussi exceptionnelles que le cas de la double citoyenneté en temps de guerre, et de permettre des exemptions de l'application des dispositions relatives aux crimes contre l'État dans les cas qui le justifient[142].

En raison de leur nature et eu égard, encore une fois, aux principes de protection et de réciprocité, les infractions d'espionnage, de divulgation illicite et d'aide à l'ennemi par la transmission de secrets d'État exigent des dispositions particulières pour le cas où elles seraient commises à l'étranger. Une personne peut obtenir des renseignements pendant qu'elle jouit de la protection du Canada, puis les divulguer à un moment où elle ne bénéficie plus de cette protection. Devrait-elle pouvoir agir ainsi impunément? Cette question appelle manifestement une réponse négative, et la raison en est que cette personne reste liée par une obligation envers le Canada qui lui interdit de divulguer ces renseignements sans autorisation[143]. Même si, en règle générale, il lui est possible de renoncer à la citoyenneté canadienne en temps de paix, elle ne peut se décharger de cette obligation. La règle devrait être conçue de la façon suivante :

RECOMMANDATION (*Suite*)

b) **[Portée extra-territoriale dans le cas de l'aide à l'ennemi, de l'espionnage et de la divulgation illicite] Outre les personnes visées à l'alinéa a), quiconque a obtenu, tandis qu'il était citoyen canadien ou bénéficiait de la protection du Canada, des renseignements secrets relatifs à la sécurité nationale (qui ont par la suite fait l'objet d'une infraction d'aide à l'ennemi, d'espionnage ou de divulgation illicite) serait coupable d'aide à l'ennemi, d'espionnage ou de divulgation illicite (selon le cas) relativement à ces renseignements, même si l'acte a été commis à l'étranger.**

---

142. On trouvait une disposition à cet effet à l'article 17 de la *Loi sur la citoyenneté canadienne* de 1946.

143. La Commission McDonald a recommandé le maintien, en substance, des dispositions de l'article 13 de la *Loi sur les secrets officiels*. Notre proposition ne s'écarte de cette recommandation que sur deux points. En premier lieu, nous avons remplacé le concept d'allégeance par celui de protection. En second lieu, l'imputabilité de l'espionnage s'étendrait au cas de l'étranger qui obtiendrait des renseignements et qui, après avoir acquis la protection du Canada, les communiquerait à une puissance étrangère tandis qu'il se trouve à l'étranger.

C. Les dispositions exclues de la réforme

Nous avons fait le tour du nouveau régime que nous proposons en matière de crimes contre l'État. On aura pu constater facilement que certaines infractions connexes se trouvant dans le *Code* actuel ont été laissées de côté. S'il en est ainsi, c'est parce que l'élaboration des infractions proposées repose sur des principes fondamentaux et se limite aux atteintes graves portées aux valeurs fondamentales que partagent l'ensemble des Canadiens.

Ainsi, nous en sommes venus à la conclusion que les dispositions larges et mal définies qui concernent la sédition sont à la fois inutiles et difficilement défendables. En premier lieu, la sédition est en partie superflue puisque le fait d'inciter quelqu'un à commettre un acte de trahison, à employer la violence pour renverser le gouvernement ou à troubler l'ordre public, est déjà visé par les règles de la partie générale concernant la responsabilité secondaire et les infractions inchoatives (art. 21, 22, 24 et 421 à 424). Quant au fait de préconiser la haine, il est déjà prévu spécifiquement par l'infraction relative à la propagande haineuse (art. 281.1 et 281.2). Loin de vouloir fermer les yeux sur l'incitation à commettre des crimes contre l'État ou à faire de la propagande haineuse, si nous recommandons l'abolition de la sédition, c'est parce qu'il nous paraît nécessaire d'être plus explicite quant aux types de conduite qui devraient attirer les sanctions du droit pénal.

En second lieu, le texte incriminant la sédition est difficilement défendable parce qu'il porte atteinte à des droits démocratiques et à la liberté d'expression, lesquels jouissent d'une protection constitutionnelle spécifique. L'enchâssement de ces droits dans la Charte nous porte à conclure qu'il serait désormais inacceptable pour l'État de recourir au droit pénal pour réprimer les opinions politiques, si impopulaires soient-elles. Certes, la liberté d'expression n'est pas sans limite. Comme nous l'avons vu, on ne saurait s'en autoriser pour cautionner la propagande haineuse ou l'incitation au crime. Cela dit, l'historique de la sédition au Canada montre que le texte d'incrimination a été utilisé pour réprimer de façon injustifiée l'expression d'opinions controversées, et pour étouffer des conflits entre la classe dirigeante et les éléments subversifs[144]. Or, nous avons refusé de reprendre ce modèle historique pour reconstruire le régime des crimes contre l'État. Nous avons plutôt choisi de limiter la portée des textes d'incrimination à ce qui peut se justifier au regard du niveau minimal de consensus nécessaire à toute société. Dans une démocratie constitutionnelle, il est certain que ce consensus permet l'imposition de certaines limites à la libre expression, comme nous l'avons vu, mais cela ne saurait justifier que l'on incrimine l'expression de points de vue politiques dissidents. À cause de leur inconstitutionnalité, d'une part, et de leur caractère redondant, d'autre part, les dispositions actuelles relatives à la sédition devraient être abrogées[145].

---

144. McNaught, 1974; Lederman, 1976-77; MacKinnon, 1977; Reedie, 1978.

145. La Law Commission (R.-U.), 1977, p. 46-48, a aussi conclu à l'inutilité d'une prohibition spécifique pour la sédition.

Il existe un certain nombre d'autres infractions qui devraient selon nous être mises à l'écart parce qu'elles ne sont pas suffisamment graves pour être considérées comme des crimes contre l'État, ni même, dans certains cas, comme des crimes véritables. Ainsi, nous recommandons l'abrogation des dispositions suivantes du *Code criminel* : l'alinéa 50(1)*a*) (aider un ressortissant ennemi à quitter le Canada) devrait être supprimé de façon que la conduite en cause ne soit incriminée que lorsqu'elle constitue une aide à l'ennemi. Par ailleurs, l'article 57, qui traite d'infractions mettant en cause des membres de la Gendarmerie royale du Canada n'a pas sa place dans le *Code criminel*. De fait, il est douteux que les agissements qui y sont décrits puissent être considérés comme des infractions réglementaires aux termes de la *Loi sur la Gendarmerie royale du Canada*. De même, les infractions concernant les membres des Forces armées canadiennes (art. 53, 54 et 63) devraient être retirées du *Code* et être reprises dans la *Loi sur la défense nationale*. Enfin, nous proposons l'élimination de la proximité d'un «endroit prohibé», à titre d'élément de l'infraction d'espionnage. En effet, cette circonstance participe davantage de la nature d'une intrusion à caractère réglementaire que de celle d'un véritable crime contre l'État. Du reste, nous sommes d'avis que les deux infractions d'espionnage que nous avons proposées, ajoutées aux règles de la responsabilité secondaire et de la tentative, suffisent à embrasser tous les cas où une personne tenterait de transmettre des secrets d'État à une puissance étrangère.

Malgré leur caractère criminel indéniable, certaines infractions qui se trouvent actuellement parmi les infractions contre l'État s'inscrivent mal dans le nouveau régime que nous proposons. Nous avons déjà expliqué que les infractions visant la personne du souverain pourraient avantageusement être reprises à titre d'infractions aggravées dans le chapitre du *Code* portant sur les infractions contre les personnes. Deuxièmement, les exercices militaires illégaux peuvent entraîner de graves atteintes à l'ordre public mais ne constituent pas une menace directe pour la sécurité nationale. C'est pourquoi nous croyons que cette infraction devrait être intégrée à un chapitre distinct mais connexe du *Code* portant sur les infractions contre l'ordre public. Troisièmement, deux textes incriminent actuellement le fait de porter atteinte à la sécurité de forces militaires étrangères se trouvant légitimement au Canada (al. 52(1)*b*) et art. 63). Même si de tels actes, en particulier le sabotage de biens appartenant à des forces alliées, peuvent placer le Canada dans une situation embarrassante sur le plan diplomatique, ils ne peuvent, à strictement parler, être décrits comme des infractions contre l'État canadien. Aussi recommandons-nous leur exclusion du régime des crimes contre l'État et leur inclusion éventuelle dans un chapitre spécial du *Code* portant sur les crimes à caractère international.

Quatrièmement, enfin, les dispositions spéciales traitant de la tentative et du complot, et figurant à l'article 46 du *Code*, seraient exclues du nouveau régime puisque toutes les formes d'infractions inchoatives et de responsabilité secondaire seraient visées par les règles de la Partie générale régissant les actions tendant à la consommation d'une infraction[146]. En outre, dans son document de travail sur la responsabilité secondaire[147], la Commission a proposé de définir la tentative comme l'accomplissement d'une action tendant concrètement à la consommation d'un crime. Cette définition permettrait d'éliminer les diverses formes de «tentative» qui figurent actuellement à l'article 46.

146. Canada, CRDC, 1985a.
147. Canada, CRDC, 1985b.

RECOMMANDATIONS

2. Les dispositions suivantes du *Code criminel* et de la *Loi sur les secrets officiels* devraient être remplacées par le nouveau chapitre sur les crimes contre l'État situé dans la Partie spéciale du *Code criminel* :

Code: **articles 46 et 47 (haute trahison et trahison), article 50 (aider un ressortissant ennemi à quitter le Canada ou ne pas empêcher la trahison), article 51 (intimider le Parlement ou une législature), article 52 (sabotage).**

Loi sur les secrets officiels: **article 3 (espionnage), article 4 (communication et utilisation illicites de renseignements), article 13 (portée extra-territoriale).**

3. Les dispositions suivantes du *Code criminel* devraient être retranchées du chapitre portant sur les crimes contre l'État et être reprises ailleurs dans le *Code* :

alinéa 46(1)a) et article 49 (tuer ou blesser la Reine) [Les infractions d'homicide et de voies de fait seraient aggravées si elles sont commises sur la personne du souverain]; **[Autre solution] article 52 (sabotage)** [Les infractions de vandalisme et de crime d'incendie seraient aggravées si elles ont pour effet de compromettre la sécurité, la sûreté ou la défense nationales]; **article 71 (exercices illégaux)** [Cette prohibition devrait être reprise au chapitre des infractions contre l'ordre public]; **alinéa 52(1)b) (sabotage concernant les forces étrangères se trouvant légalement au Canada) et article 63 (infraction mettant en cause des forces étrangères se trouvant légalement au Canada)** [Cette infraction pourrait éventuellement être incluse dans un chapitre du *Code* portant sur les infractions à caractère international].

4. Les dispositions suivantes du *Code criminel* et de la *Loi sur les secrets officiels* devraient être abrogées :

Code: **article 48 (prescription en matière de trahison); article 57 (infractions relatives aux membres de la G.R.C.)** [Cette prohibition pourrait, si besoin est, être reprise dans la *Loi sur la Gendarmerie royale du Canada*]; **articles 60, 61 et 62 (infractions participant de la sédition); article 53 (incitation à la mutinerie), article 54 (aide à un déserteur), article 63 (infractions relatives à la discipline des forces militaires)** [Nous recommandons de passer en revue la *Loi sur la défense nationale* afin de déterminer s'il y a lieu de conserver les diverses infractions participant de la trahison qu'elle contient, et s'il est nécessaire d'incriminer les actes comme l'incitation à la mutinerie, l'aide à un déserteur et l'entrave à la discipline lorsqu'ils sont commis par des civils. Jusqu'à maintenant, nous n'avons consulté le ministère de la Défense nationale que sommairement, mais nous comptons procéder à des consultations plus approfondies avant d'arrêter notre position définitive sur les crimes contre l'État].

Loi sur les secrets officiels: **article 8 (héberger un espion).**

5. Les règles de la Partie générale du *Code* sur la responsabilité secondaire devraient s'appliquer aux crimes contre l'État.

CHAPITRE SIX

Sommaire des recommandations

1. La Partie spéciale du *Code criminel* devrait contenir un nouveau chapitre portant sur les crimes contre l'État et constitué comme suit :

Le crime fondamental contre l'État : la trahison

(1) [Faire la guerre] Constituerait une infraction le fait intentionnel de faire la guerre ou de porter les armes contre le Canada;

(2) [Aider l'ennemi] Constituerait une infraction le fait intentionnel d'aider quiconque fait la guerre ou porte les armes contre le Canada;

(3) [Recourir à la force ou à la violence pour renverser le gouvernement] Constituerait une infraction le fait de recourir à la force ou à la violence pour renverser le gouvernement légitime du Canada ou d'une province;

(4) [Espionnage] Constituerait une infraction

a) le fait intentionnel et non autorisé de communiquer ou de livrer à un État étranger ou à son agent, des *renseignements secrets relatifs à la sécurité nationale*, si cet État n'est pas en guerre contre le Canada, ni n'a engagé d'hostilités armées contre lui; ou

b) le fait d'obtenir, de recueillir ou d'enregistrer des *renseignements secrets relatifs à la sécurité nationale* en vue de commettre l'infraction prévue à l'alinéa a).

REMARQUE : «*renseignements secrets relatifs à la sécurité nationale*» désigne tout renseignement classifié conformément au *système de classification*, en tant que renseignement à l'égard duquel le secret est nécessaire dans l'intérêt de la sécurité, de la sûreté ou de la défense nationales, et dont la cote de sécurité n'a pas été enlevée conformément à la procédure applicable.

Les crimes secondaires contre l'État

(5) [Contraindre les organes de l'État] Constituerait une infraction le fait de recourir à la force ou à la violence pour contraindre un organe de l'État à

prendre ou à s'abstenir de prendre une décision ou une mesure, qu'il s'agisse d'un organe fédéral ou provincial, ou encore d'un organe législatif, exécutif ou judiciaire.

(6) [Sabotage] Constituerait une infraction le fait intentionnel de compromettre la sûreté, la sécurité ou la défense du Canada

a) en disposant d'une chose, en l'endommageant ou en la détruisant;

b) en rendant une chose inutile ou inefficace, ou en diminuant son efficacité.

(7) [Omission de prévenir la trahison en temps de guerre ou d'en informer les autorités] Nonobstant toute autre disposition du présent *Code*,

a) commet une infraction la personne qui, sachant qu'une infraction consistant à faire la guerre ou à aider l'ennemi est sur le point d'être commise, omet de prendre des mesures raisonnables pour prévenir la commission de l'infraction alors qu'elle est en mesure de le faire sans risque grave pour elle-même ou pour autrui. Selon les circonstances, la personne peut s'acquitter de ce devoir en informant un agent de la paix que l'infraction est sur le point d'être commise;

b) commet une infraction la personne qui, sachant qu'une infraction consistant à faire la guerre ou à aider l'ennemi a été ou est sur le point d'être commise, omet de prendre des mesures raisonnables pour en informer un agent de la paix dès que cela est matériellement possible.

(8) [Divulgation illicite] Constituerait une infraction

a) le fait intentionnel et non autorisé de divulguer ou de livrer à qui que ce soit d'autre qu'un État étranger ou son agent, des *renseignements secrets relatifs à la sécurité nationale*;

c) le fait d'obtenir, de recueillir ou d'enregistrer des *renseignements secrets relatifs à la sécurité nationale* en vue de commettre l'infraction prévue à l'alinéa a);

c) le fait intentionnel et non autorisé de communiquer ou de livrer à qui que ce soit d'autre qu'un État étranger ou son agent, des *renseignements secrets personnels ou officiels de l'Administration*;

d) le fait d'obtenir, de recueillir ou d'enregistrer des *renseignements secrets personnels ou officiels de l'Administration*, en vue de commettre l'infraction prévue à l'alinéa c).

REMARQUE : *«renseignements secrets personnels ou officiels»* désigne tout renseignement classifié conformément au *système de classification* en tant que renseignement à l'égard duquel le secret est nécessaire (i) dans l'intérêt de la sécurité ou de l'intimité d'une personne ou (ii) dans l'intérêt de la mise en œuvre d'un programme de l'État, et dont la cote de sécurité n'a pas été enlevée conformément à la procédure applicable.

Imputabilité

(9) **[Imputabilité générale]** Sous réserve de la *Convention de Vienne sur les relations diplomatiques*, toute personne se trouvant volontairement au Canada et bénéficiant de la protection du Canada (qu'il s'agisse d'un citoyen canadien, d'un immigrant reçu, d'un visiteur, etc.) peut être poursuivie pour un crime contre l'État canadien commis au Canada.

(10) **[Portée extra-territoriale]**

a) **[Règle générale]** Les personnes suivantes devraient pouvoir être poursuivies pour un crime contre l'État canadien commis à l'étranger :

(i) tout citoyen canadien;

(ii) toute autre personne qui continue de bénéficier de la protection du Canada.

b) **[Portée extra-territoriale dans le cas de l'aide à l'ennemi, de l'espionnage et de la divulgation illicite]** Outre les personnes visées à l'alinéa a), quiconque a obtenu, tandis qu'il était citoyen canadien ou bénéficiait de la protection du Canada, des renseignements secrets relatifs à la sécurité nationale (qui ont par la suite fait l'objet d'une infraction d'aide à l'ennemi, d'espionnage ou de divulgation illicite) serait coupable d'aide à l'ennemi, d'espionnage ou de divulgation illicite (selon le cas) relativement à ces renseignements, même si l'acte a été commis à l'étranger.

Autres recommandations

2. Les dispositions suivantes du *Code criminel* et de la *Loi sur les secrets officiels* devraient être remplacées par le nouveau chapitre sur les crimes contre l'État situé dans la Partie spéciale du *Code criminel* :

Code: articles 46 et 47 (haute trahison et trahison), article 50 (aider un ressortissant ennemi à quitter le Canada ou ne pas empêcher la trahison), article 51 (intimider le Parlement ou une législature), article 52 (sabotage).

Loi sur les secrets officiels: article 3 (espionnage), article 4 (communication et utilisation illicites de renseignements), article 13 (portée extra-territoriale).

3. Les dispositions suivantes du *Code criminel* devraient être retranchées du chapitre portant sur les crimes contre l'État et être reprises ailleurs dans le *Code* :

alinéa 46(1)*a*) et article 49 (tuer ou blesser la Reine) [Les infractions d'homicide et de voies de fait seraient aggravées si elles sont commises sur la personne du souverain]; **[Autre solution]** article 52 (sabotage) [Les infractions de vandalisme

et de crime d'incendie seraient aggravées si elles ont pour effet de compromettre la sécurité, la sûreté ou la défense nationales]; **article 71 (exercices illégaux)** [Cette prohibition devrait être reprise au chapitre des infractions contre l'ordre public]; **alinéa 52(1)*b*) (sabotage concernant les forces étrangères se trouvant légalement au Canada) et article 63 (infraction mettant en cause des forces étrangères se trouvant légalement au Canada)** [Cette infraction pourrait éventuellement être incluse dans un chapitre du *Code* portant sur les infractions à caractère international].

4. Les dispositions suivantes du *Code criminel* et de la *Loi sur les secrets officiels* devraient être abrogées :

Code: **article 48 (prescription en matière de trahison); article 57 (infractions relatives aux membres de la G.R.C.)** [Cette prohibition pourrait, si besoin est, être reprise dans la *Loi sur la Gendarmerie royale du Canada*]; **articles 60, 61 et 62 (infractions participant de la sédition); article 53 (incitation à la mutinerie), article 54 (aide à un déserteur), article 63 (infractions relatives à la discipline des forces militaires)** [Nous recommandons de passer en revue la *Loi sur la défense nationale* afin de déterminer s'il y a lieu de conserver les diverses infractions participant de la trahison qu'elle contient, et s'il est nécessaire d'incriminer les actes comme l'incitation à la mutinerie, l'aide à un déserteur et l'entrave à la discipline lorsqu'ils sont commis par des civils. Jusqu'à maintenant, nous n'avons consulté le ministère de la Défense nationale que sommairement, mais nous comptons procéder à des consultations plus approfondies avant d'arrêter notre position définitive sur les crimes contre l'État].

Loi sur les secrets officiels: **article 8 (héberger un espion).**

5. Les règles de la Partie générale du *Code* sur la responsabilité secondaire devraient s'appliquer aux crimes contre l'État.

Bibliographie

Aberle *et al.* (1950) «The Functional Prerequisites of a Society» 60 *Ethics* 100.

Aitken, J. (1971) *Officially Secret*, Londres, Weidenfeld & Nicolson.

Bellamy, J.G. (1970) *The Law of Treason in England in the Later Middle Ages*, Cambridge, Cambridge University Press.

Brown, M., B. Billingsley et R. Shamai (1980) *Privacy and Personal Data Protection*, document de recherche n° 15 préparé pour la Commission on Freedom of Information and Individual Privacy, Toronto, Queen's Printer.

Buchheit, L.C. (1978) *Secession: The Legitimacy of Self Determination*, New Haven (Conn.), Yale University Press.

Bundu, A.C. (1978) «Recognition of Revolutionary Authorities: Law and Practice of States» 27 *Int'l & Comp. L.Q.* 18.

Bunyan, T. (1976) *The Political Police in Britain*, New York, St. Martin's.

Canada, Commission d'enquête quant aux plaintes formulées par George Victor Spencer (1966) *Rapport du Commissaire*, Ottawa, Approvisionnements et Services.

Canada, Commission d'enquête sur certaines activités de la Gendarmerie royale du Canada (Commission McDonald) (1979) *Sécurité et information*, premier rapport, Ottawa, Approvisionnements et Services.

Canada, Commission d'enquête sur certaines activités de la Gendarmerie royale du Canada (1981) *La liberté et la sécurité devant la loi*, deuxième rapport, vol. I, Ottawa, Approvisionnements et Services.

Canada, CRDC (1975) *Les confins du droit pénal* [Document de travail 10], Ottawa, Approvisionnements et Services.

Canada, CRDC (1976) *Notre droit pénal* [Rapport 3], Ottawa, Information Canada.

Canada, CRDC (1984) *Les dommages aux biens : le crime d'incendie* [Document de travail 36], Ottawa, Approvisionnements et Services.

Canada, CRDC (1984a) *Les dommages aux biens : le vandalisme* [Document de travail 31], Ottawa, Approvisionnements et Services.

Canada, CRDC (1985) *L'omission, la négligence et la mise en danger* [Document de travail 46], Ottawa, Approvisionnements et Services.

Canada, CRDC (1985a) *Proposition pour un projet de code pénal*, document non publié.

Canada, CRDC (1985b) *La responsabilité secondaire : complicité et infractions inchoatives* [Document de travail 45], Ottawa, CRDC.

Canada, Ministère de la Justice (1983) *Codification administrative des lois constitutionnelles de 1867 à 1982*, Ottawa, Approvisionnements et Services.

Chambliss, W.J. (éd.) (1975) *Criminal Law in Action*, New York, Wiley.

Departmental Committee on Section 2 of the *Official Secrets Act 1911* (R.-U.) (1972), vol. I, *Report of the Committee* (le rapport Franks), Cmnd. 5140, Londres, HMSO.

de Smith, S.A. (1966) «Southern Rhodesia Act 1965» 29 *Modern L.Rev.* 301.

De Zulueta, F. (1923) «The Science of Law», dans C. Bailey (éd.), *The Legacy of Rome*, Oxford, Oxford University Press.

Dictionnaire de politique — Le présent en question (1979), Paris, Librairie Larousse.

Encyclopaedia Britannica (1980), 15ᵉ éd., Chicago, Encyclopaedia Britannica Inc.

Edwards P. (éd.) (1972) *The Encyclopedia of Philosophy*, Londres, Collier-Macmillan.

Fletcher, G.P. (1978) *Rethinking Criminal Law*, Boston, Little, Brown and Co.

Friedland, M.L. (1979) *Les aspects juridiques de la sécurité nationale*, étude préparée pour la Commission d'enquête sur certaines activités de la Gendarmerie royale du Canada, Ottawa, Approvisionnements et Services.

Friedland, M.L. (1984) *Offences against the Security of the State*, document d'étude non publié, préparé pour la Commission de réforme du droit du Canada.

Glasson, E., (1882) *Histoire du droit et des institutions politiques, civiles et judiciaires de l'Angleterre*, tome IV, Paris, A. Durand et Pedone-Lauriel.

Grand Dictionnaire encyclopédique Larousse (1985), Paris, Librairie Larousse.

Greenaway, W.K. et S.L. Brickey (1978), *Law and Social Control in Canada*, Scarborough (Ont.), Prentice-Hall.

Hale, M. (1736) *Historia Placitorum Coronae: The History of the Pleas of the Crown*, réimpression, Londres, Professional Books.

Halsbury's Laws of England (1976), 4e éd., vol. II, Londres, Butterworths.

Hart, H.L.A. (1955) «Are There Any Natural Rights?» 64 *Philosophical Rev*. 175.

Hart, H.L.A. (1961) *The Concept of Law*, Oxford, Clarendon Press.

Hepple, B.A. (1966) «Rhodesian Crisis — Criminal Liabilities» *Crim. L.Rev*. 5.

Holdsworth, W. (1925) *A History of English Law*, Londres, Sweet and Maxwell.

Jenkins, I. (1980) *Social Order and the Limits of Law: A Theoretical Essay*, Princeton (N.J.), Princeton University Press.

Laskin, B. (1975) *Canadian Constitutional Law*, 4e éd., Toronto, Carswell.

Law Commission (R.-U.) (1977), *Codification of the Criminal Law: Treason, Sedition and Allied Offences*, document de travail n° 72, Londres, HMSO.

Lederman, P.R. (1976-77) «Sedition in Winnipeg: An Examination of the Trials for Seditious Conspiracy Arising from the General Strike of 1919» 8 *Queen's L.J*. 3.

Leigh, L.H (1977) «Law Reform and the Law of Treason and Sedition» *Public Law* 128.

MacKinnon, P. (1977) «Conspiracy and Sedition as Canadian Political Crimes» 23 *McGill L.J*. 622.

Manning, M. (1983) *Rights, Freedoms and the Courts: A Practical Analysis of the* Constitution Act, 1982, Toronto, Emond-Montgomery.

McNaught, K. (1974) «Political Trials and the Canadian Political Tradition» 24 *U. Toronto L.J*. 149.

Meehan, E. (1984) *The Law of Criminal Attempt — A Treatise*, Toronto, Carswell.

Mewett, A.W. et M. Manning (1985) *Criminal Law*, 2e éd., Toronto, Butterworths.

National Commission on Reform of Federal Criminal Laws (la Commission Brown) (1970) *Working Papers*, vol. I, Washington, U.S. Government Printing Office.

National Commission on Reform of Federal Criminal Laws (la Commission Brown) (1971), *A Proposed New Federal Criminal Code (Title 18, United States Code), Final Report*, Washington, U.S. Government Printing Office.

Pollock, F. et F. Maitland (1895) *The History of English Law before the Time of Edward I*, vol. 2, Cambridge, Cambridge University Press.

Reedie, P. (1978) «The Crimes of Treason and Sedition in Canada», (1978) 11 *Laurentian U. Rev*. 17.

Rich, R.M. (1979) *The Sociology of Criminal Law: Evolution of Deviance in Anglo-American Society*, Toronto, Butterworths.

Royal Commission appointed to consider the Law Relating to Indictable Offences (1879), *Report*, Londres, HMSO; on trouve en annexe du rapport un projet de code mettant en œuvre les recommandations des commissaires (*English Draft Code*).

Sills, D.L. (éd.) (1972) *International Encyclopaedia of the Social Sciences*, Londres, Collier-Macmillan.

Simon, W.G. (1961) «The Evolution of Treason» 35 *Tulane L.Rev*. 669.

Smith, J.C. (1976) *Legal Obligation*, Toronto, University of Toronto Press.

South African Law Commission (1976) *Report on the Codification of the Common Law Relating to Crimes against the State*, Pretoria, The Government Printer.

Steinhaus, R.Z. (1956) «Treason, A Brief History with Some Modern Applications» 22 *Brooklyn L.Rev.* 254.

Stephen, J.F. (1877) *A Digest of the Criminal Law (Crimes and Punishments)*, Londres, MacMillan.

Stephen, J.F. (1883) *A History of The Criminal Law of England*, vol. 2, réimpression, Londres, Burt.

Turner, J.W.C. (éd.) (1964) *Russell on Crime*, 12ᵉ éd., Stevens.

Vitu, A. (1973) «Crimes et délits contre la sûreté de l'État» *J.C.P.* Fasc. II.

Wasserstrom, R.A. (1968) «The Obligation to Obey the Law», dans R.S. Summers (éd.), *Essays in Legal Philosophy*, Oxford, Basil Blackwell.

Williams, D.G.T. (1965) *Not in the Public Interest: The Problem of Security in Democracy*, Londres, Hutchinson.

Williams, D.G.T. (1978) «Official Secrecy and the Courts», dans P.R. Glazebrook (éd.), *Reshaping the Criminal Law*, Londres, Stevens.

Williams, G. (1948) «The Correlation of Allegiance and Protection», 10 *Cambridge L.J.* 54.